AF435543

Fútbol:
ACOSO AL POSEEDOR DEL BALÓN

Concepto y 50 tareas para su entrenamiento

Manuel Jesús Crespo García

Título: FÚTBOL: ACOSO AL POSEEDOR DEL BALÓN CONCEPTO Y 50 TAREAS PARA SU ENTRENAMIENTO
Autor: MANUEL JESÚS CRESPO GARCÍA
Corrección del texto: MANUELA CASTILLO SOLER

Editorial: WANCEULEN EDITORIAL
Sello Editorial: WANCEULEN EDITORIAL DEPORTIVA

ISBN (Papel): 978-84-18262-89-0
ISBN (Ebook): 978-84-18262-90-6

DEPÓSITO LEGAL: SE 1155 -2020

Impreso en España. 2020

WANCEULEN S.L.
C/ Cristo del Desamparo y Abandono, 56 - 41006 Sevilla
Dirección web: www.wanceuleneditorial.com y www.wanceulen.com
Email: info@wanceuleneditorial.com

ÍNDICE

INTRODUCCIÓN 9

CONCEPTO DE **ACOSO AL POSEEDOR DEL BALÓN** EN FÚTBOL. 13

SIMBOLOGÍA 19

50 TAREAS PARA EL ENTRENAMIENTO DE **ACOSO AL POSEEDOR DEL BALÓN** EN FÚTBOL 21

INTRODUCCIÓN

En la iniciación al mundo del entrenamiento es muy usual intentar encontrar una receta o una fórmula que resuelva nuestras necesidades y que cubra las posibles lagunas que tengamos en nuestro conocimiento o en nuestra capacidad.

La complejidad y diversidad del juego hacen que haya que tener un conocimiento del mismo para su enseñanza y para su aprendizaje en algunos casos.

El fútbol está evolucionando y van apareciendo nuevos conceptos con diversidad de interpretaciones atendiendo a las distintas corrientes a las que seamos más afines. No obstante, creo que todo se puede adaptar y se le puede sacar rendimiento siempre que tenga una buena argumentación y no nos dejemos atraer por dogmas.

Este libro con tareas no pretende ser una respuesta matemática a las necesidades que pueda tener un entrenador para encontrar soluciones a los problemas que se le planteen. La intención es poder manejar recursos, adaptarlos a nuestra realidad de entrenamientos y que puedan introducirnos y orientarnos a conseguir en el entrenamiento los objetivos pretendidos.

He reducido el uso de material para simplificar y poder llegar a cualquier nivel de recursos y que puedan ser llevadas a cabo en cualquier realidad, sin necesidad de unos materiales que dificulten su realización.

Existen distintos tipos de tareas para la mejora del dominio colectivo de cualquier medio que queramos que nuestro equipo maneje durante el desarrollo de los partidos. Atendiendo a la metodología empleada, la duración, los espacios, el número de jugadores... pueden variar para satisfacer nuestro modelo de juego.

A continuación, desarrollaré distintas tareas desde las más simples a las de mayor complejidad para poder trabajar el concepto de la presión tras pérdida y que puedan formar parte de distintos modelos de juego ya que, atendiendo a las pretensiones de cada entrenador y a la metodología a emplear, cada uno debe introducirlas donde considere oportuno. Estas tareas carecen de un contexto y de una estrategia operativa, para los cuales necesitarán adaptación por parte del entrenador a todas las variables que crea que pueden tener incidencia en el desarrollo del juego de su equipo y a las características del mismo.

Todas las tareas propuestas carecerán de un contexto propio, del rival, la competición y la situación para el desarrollo de la estrategia operativa y el modelo de juego.

Castellano y Casamichana (2016) proponen este cuadro para la clasificación de las tareas según los metros cuadrados por jugador y a las demandas a las que serán exigidas los jugadores:

m^2 / jugador	1<2	3<4	5<7	8<10
<50	Fuerza		Recuperación	
<100	Fuerza		Recuperación	
<200	Frecuencia cardíaca		Velocidad	
>200	Frecuencia cardíaca		Velocidad	

En este libro se indicarán el número de jugadores y la división y distribución de los espacios. No obstante, para que la tarea se adapte a cada equipo, estado físico de los jugadores, modelo de juego y metodología, cada entrenador la deberá adaptar en cuanto a metros las distancias, los espacios e incluso en número de jugadores en algunos casos para tener un mejor desarrollo con su equipo.

Las tareas no tendrán límites de toques, contactos o golpeos para conseguir nuestro objetivo, ya que habrá jugadores que necesiten o decidan utilizar un número mayor por necesidades del juego, por condiciones técnicas o por condicionantes físicos de desarrollo. No obstante, al ser tareas abiertas, el entrenador podrá condicionarlas si lo cree necesario u oportuno para conseguir los beneficios pretendidos conociendo la realidad a la que las va a exponer.

CONCEPTO DE **ACOSO AL POSEEDOR** DEL BALÓN EN FÚTBOL

Siguiendo la tendencia de "naming futbolístico", tan en boga desde hace unos años, el acoso ha surgido como un medio a tener en cuenta para desarrollar las actitudes defensivas de los equipos.

No es fácil encontrar referencias relacionadas con aspectos defensivos del juego. Esta falta de datos puede deberse a la poca importancia que le damos los entrenadores en algunas ocasiones a la fase del juego en la que el contrario posee el balón; también puede ser consecuencia de que pensemos que hay que recurrir al "talento innato" defensivo que tenga cada jugador para recuperar, porque "defender es correr más que el adversario"; o, simplemente, nos dejemos arrastrar por la moda del juego ofensivo en el que está inmerso el fútbol que nos puede hacer sentir "fuera del mercado" o "fuera de onda" por no seguir las modas.

El acoso está ligado estrechamente con la intención de llevar la iniciativa en el juego, de intentar condicionar al contrario para que no pueda evolucionar con el balón para que finalmente pase lo que queramos que ocurra en el juego o que nuestro oponente directo no consiga sus objetivos.

La Real Academia Española (2019) define *acoso* como la *acción o efecto de acosar y la palabra acosar la define como perseguir, sin dar tregua ni reposo a un animal o a una persona o como apremiar de forma insistente a alguien con molestias o requerimientos.*

Puede haber confusión o similitudes entre *acoso*, *presión* y *pressing* debido a esta preferencia anteriormente comentada de poner nombres a las acciones o a los principios del juego que nos hacen parecer más teóricos del mismo y que nos suben a un pedestal o tarima y nos alejan del "olor a verde".

Rinus Michels definió el *pressing* como la *acción consistente sobre todo en acosar sin tregua ni respiro al adversario, para recuperar la posesión del balón y no ceder a ningún precio la iniciativa del ataque al contrincante.*

La presión es la acción que se realiza cuando un equipo no tiene el balón, sobre el rival, con la finalidad de coartar su libertad de acción en espacio y tiempo, inducirlo a llevar el balón a una zona y/o provocar la pérdida del balón.

Cervera, A. (2012) nos habla del acoso como el *comportamiento defensivo que ejerce el oponente directo al poseedor del balón con el propósito de evitar que cumpla con sus objetivos. Es un asedio con la intención táctica de:*

1. *Evitar ser desbordado.*
2. *Robar.*
3. *Disuadir hacia zonas no deseadas.*
4. *Orientar a zona deseada.*
5. *Cerrar líneas de pase.*

Cualquiera de estas intenciones u objetivos que pueden conseguir los jugadores poniendo en práctica el acoso estarán estrechamente relacionados con la zona en la que se produzca, el minuto en que se practique, los jugadores que estén cercanos a la acción, el jugador sobre el que se practique... con el contexto en el que se produzca.

Se puede decir que el acoso tiene como elemento diferenciador el hecho de que es una acción que se realiza sobre el poseedor del balón.

Según González, A. en su libro *Fútbol. Dinámica del juego desde la perspectiva de las transiciones* en 2013, existen una serie de principios de actuación para poder desarrollar de manera exitosa el acoso con respecto al poseedor del balón:

- Anticiparse para llegar con ventaja.

- Controlar la aproximación ajustando la velocidad en función del control del balón.

- Analizar cada jugador al rival para apretar sin ser desbordado y para intuir hacia dónde pretende salir, en función de sus posibilidades.

- Disuadir, jugando con nuestra colocación y ángulos de entrada al balón. Conducir al rival a que no pueda llevar a cabo acciones que no deseemos que se produzcan o conducirlo a zonas preestablecidas de antemano.

- Mantener una postura equilibrada, con centro de gravedad bajo y moviendo rápido las piernas en una posición que permita cambiar rápido de dirección.

- Centrar la atención en el balón para no caer en los engaños que el rival pueda hacernos con su cuerpo.

- Realizar fintas que generen incertidumbre en el atacante.

- Acosar cerrando líneas de pase.

- Evitar cometer falta.

Uno de los momentos en los que se puede apreciar cómo los equipos ponen en práctica el acoso es cuando realizan la presión tras pérdida. Acosar al poseedor del balón en el momento de perderlo o en situaciones en las que el balón está dividido facilitará su recuperación o condicionará al rival para organizar su fase con balón.

El acoso puede formar parte de una estrategia de partido para recuperar el balón o incomodar las acciones con balón del contrario a través de un plan estratégico sustentado por varios factores como la zona en la que se realizará, el jugador sobre el que se quiere ejercer, la circunstancia en la que se practicará y el resultado o el tiempo restante del encuentro.

Los estímulos e indicadores para poner en marcha el concepto de acoso al poseedor de balón serán estímulos e indicadores propios del juego para identificarlos en cada momento. Realizar un pase, conducir o cambiar de zona después de un estímulo auditivo (voz del entrenador, silbato...) o cualquier otro que no tenga que ver con lo que pueda pasar en un partido (mostrar un color, aviso del entrenador o de un compañero,...) nos ayudarán a realizar las tareas, pero no a utilizar con la destreza específica el medio o principio de acoso y a desarrollar el aprendizaje en el jugador; con lo cual, los estímulos, indicadores o recursos utilizados tendrán transferencia al juego y podrán ser adaptados por el entrenador atendiendo a la realidad a la que los vaya a exponer.

SIMBOLOGÍA

Jugadores/as Equipo A	
Jugadores/as Equipo B	
Jugadores/as Equipo C	
Desplazamiento sin balón	
Control orientado	
Desplazamiento del balón	
Conducción del balón	
Desplazamiento del balón por alto	
Tiro a puerta	
Balón	

ACOSO AL POSEEDOR DEL BALÓN
EN FÚTBOL

50
TAREAS PARA SU ENTRENAMIENTO

Tarea Nº 1	Objetivo Principal	Mejora del acoso
	Jugadores	2

Explicación

Los jugadores se pasan el balón por parejas sin que caiga al suelo y cuando a uno se le caiga el otro tiene que acosarlo para recuperar o para hacerlo retroceder por detrás del cono.

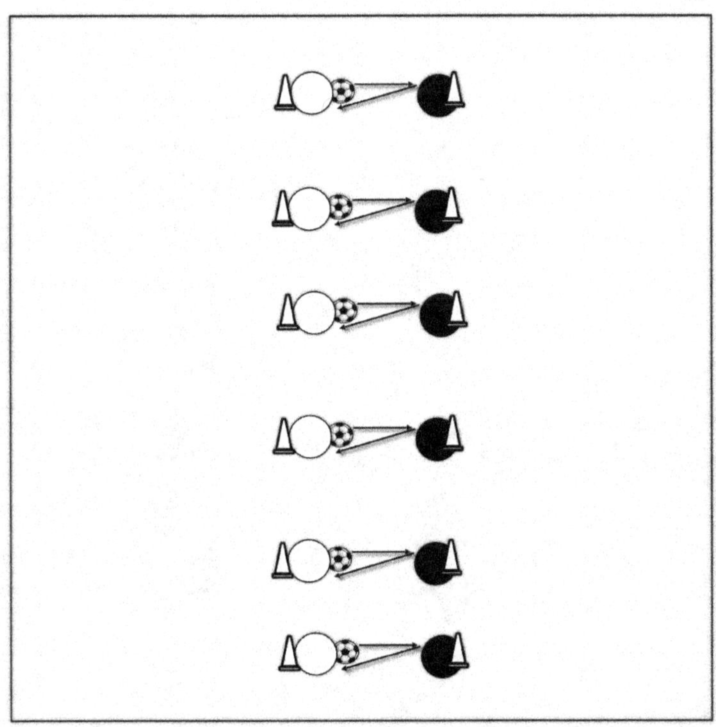

Tarea N° 2	Objetivo Principal	Mejora del acoso
	Jugadores	2

Explicación

Por parejas cada jugador domina el balón sin salirse del cuadrado, cuando el balón se cae o sale del cuadrado, el jugador va a acosar a su pareja para quitarle el balón u obligarlo a salir del cuadrado.

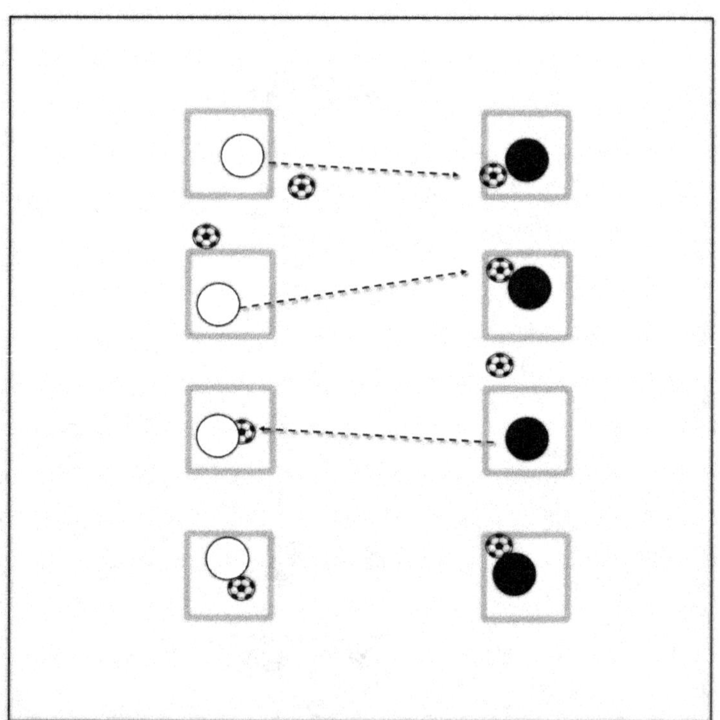

Tarea N° 3	Objetivo Principal	Mejora del acoso
	Jugadores	2

Explicación

Los jugadores se pasan el balón por parejas, cada uno en un cuadrado separado por un espacio, si al controlar el balón se sale del cuadrado, los jugadores tienen que acosar a su pareja para quitarle el balón y que no se meta en su cuadrado.

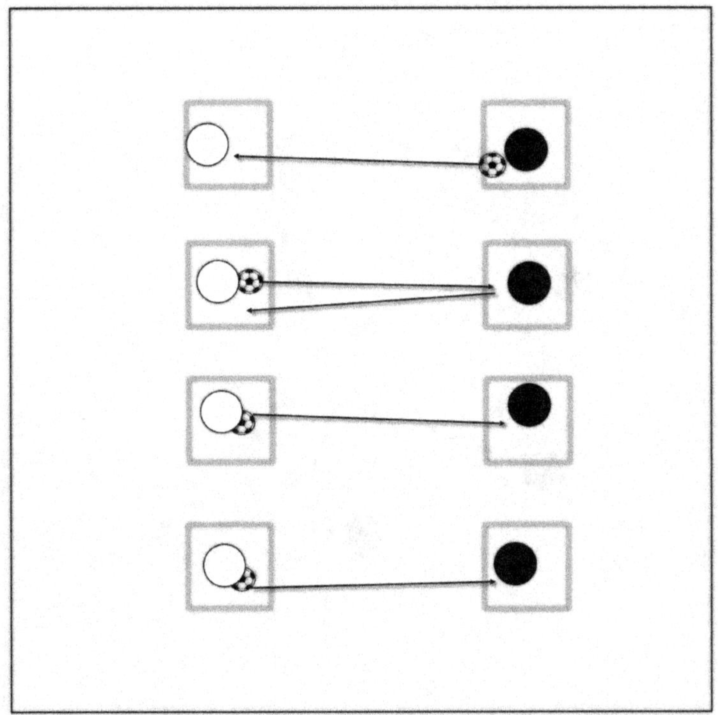

Tarea N° 4	Objetivo Principal	Mejora del acoso
	Jugadores	10 (5x5)

Explicación

Dentro de un cuadrado 5 jugadores de un equipo con balón y los 5 del otro sin balón. Los jugadores con balón intentarán mantenerse dentro del cuadrado con el balón con marcas individuales que intentarán que salgan con el balón o enviarles fuera el balón. Si a un jugador le sacan el balón del cuadrado saldrá junto con el jugador que lo acosaba. Cuando saquen todos los balones cambiarán de rol los equipos y ganará el equipo que se sostenga mayor tiempo dentro del cuadrado con balón.

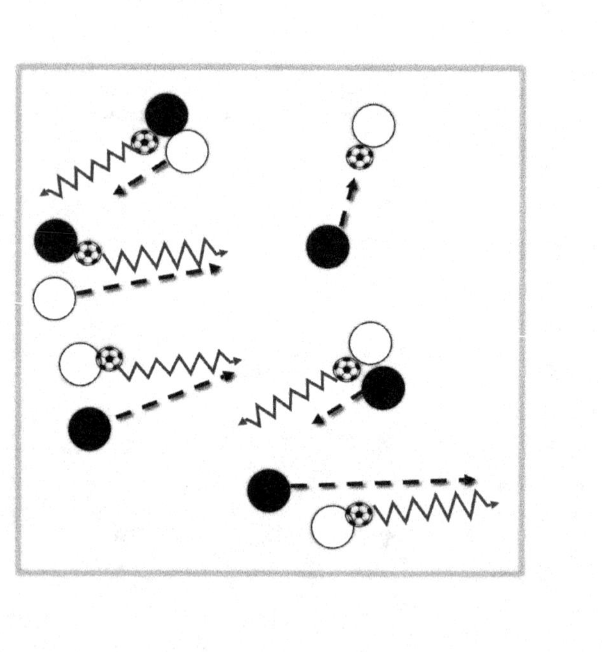

Tarea N° 5	Objetivo Principal	Mejora del acoso
	Jugadores	14
Explicación		

En la disposición de la imagen, cinco jugadores de un equipo con balón y dos jugadores del otro equipo sin balón que elegirán un jugador para acosarlo y que pierda el balón o salga fuera del cuadrado. Cuando recupera un jugador se irán al otro cuadrado (el que robó a mantener y el que perdió a acosar a otro jugador distinto al que le robó el balón).

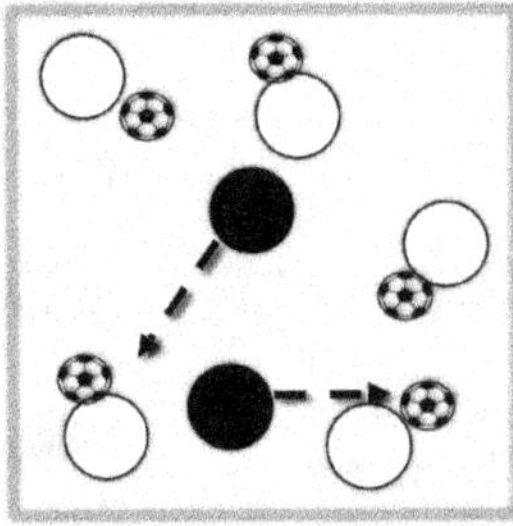

Tarea N° 6	Objetivo Principal	Mejora del acoso
	Jugadores	10

Explicación

Los jugadores del equipo negro pasarán el balón a los jugadores del equipo blanco e irán a acosarlos para que no atraviesen el campo hasta la zona de enfrente o quitarles el balón.

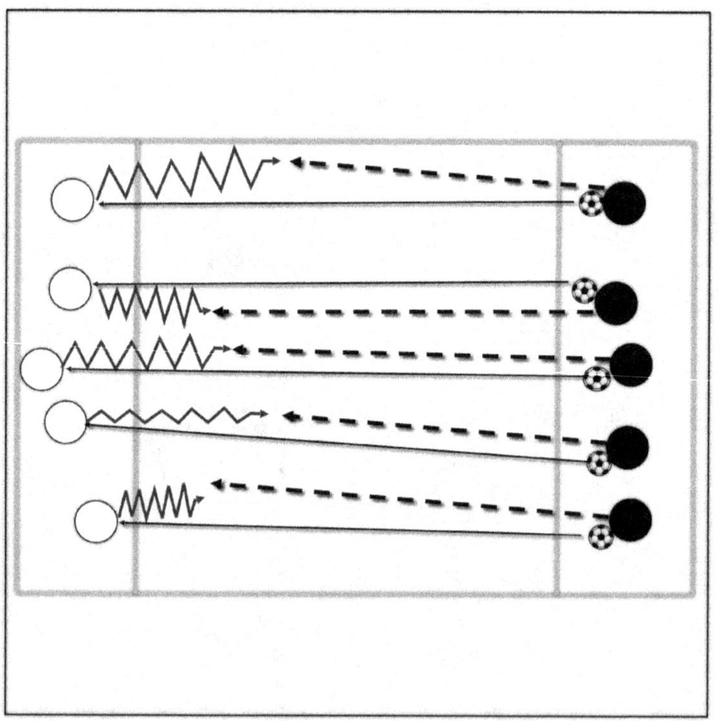

Tarea N° 7	Objetivo Principal	Mejora del acoso
	Jugadores	2

Explicación

En un cuadrado un jugador acosará al jugador que tiene el balón para robarle el balón u obligarlo a salir del cuadrado. Cuando este lo consiga cambiarán los roles.

Tarea N° 8	Objetivo Principal	Mejora del acoso
	Jugadores	2
Explicación		

En un cuadrado un jugador intentará atravesarlo de lado a lado y el otro lo acosará para robarle el balón o que no consiga llegar a la línea de enfrente. Cuando este lo consiga cambiarán los roles.

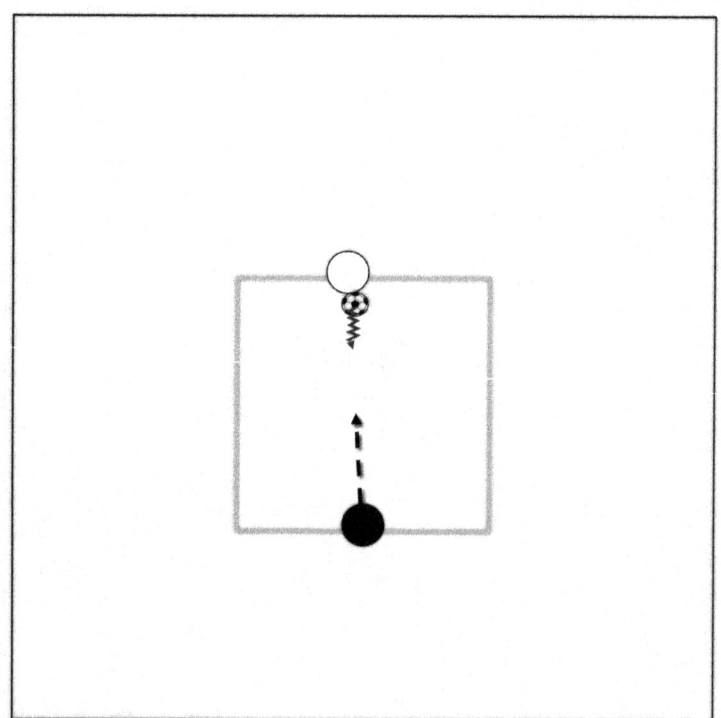

Tarea N° 9	Objetivo Principal	Mejora del acoso
	Jugadores	2

Explicación

Un jugador intentará entrar en el cuadrado y el otro lo acosará para robarle el balón o alejarlo para que no consiga entrar con el balón controlado dentro del cuadrado.

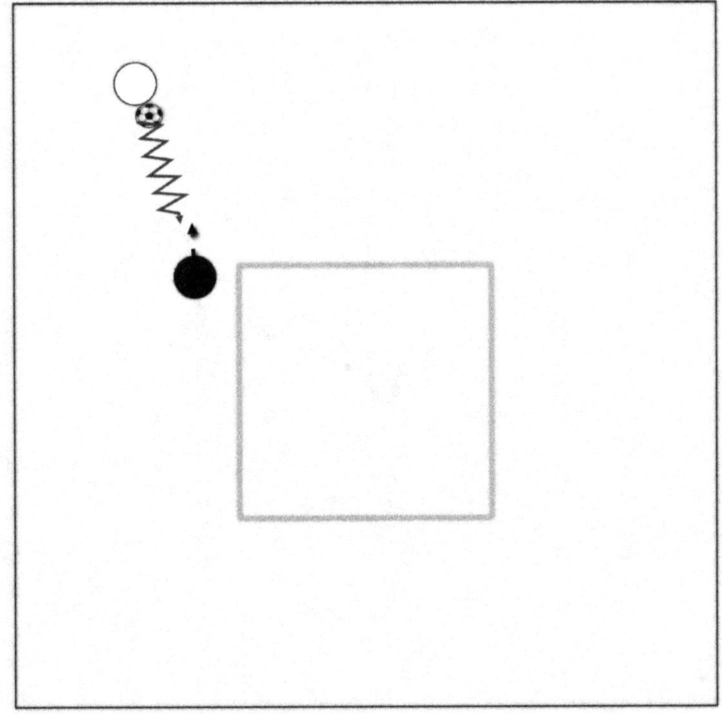

Tarea N° 10	Objetivo Principal	Mejora del acoso
	Jugadores	4 (1+1+1x1)

Explicación

Los jugadores situados como en la imagen. Los jugadores del equipo blanco intentarán enjugar con el jugador que está dentro del cuadrado para que juegue con el jugador que está al otro lado del cuadrado. El jugador de dentro será acosado por un jugador del equipo contrario para que no pueda jugar con facilidad o robarle el balón.

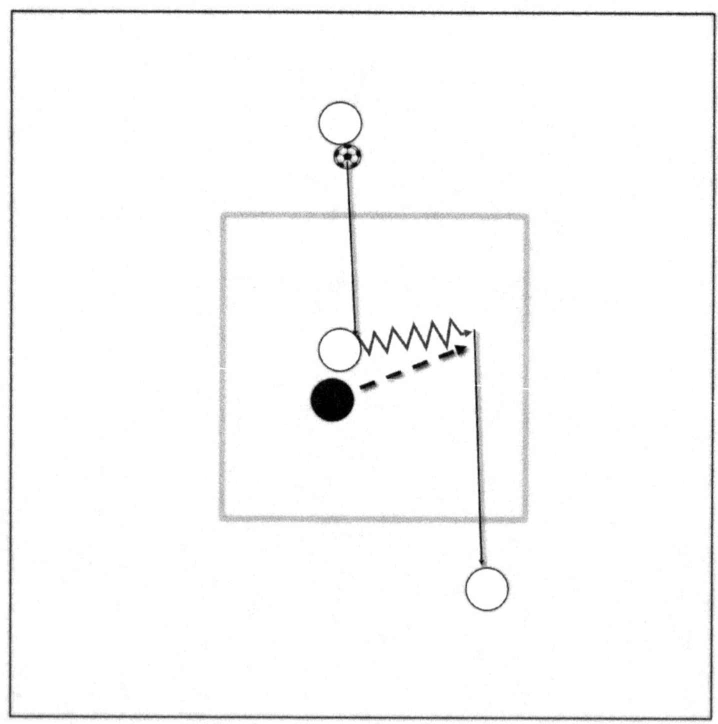

Tarea N° 11	Objetivo Principal	Mejora del acoso
	Jugadores	6 (3x3)

Explicación

Los jugadores situados como en la imagen. Los jugadores del equipo blanco intentarán jugar con el jugador que está dentro del cuadrado para que juegue con el jugador que está al otro lado del cuadrado. El jugador de dentro y los de fuera serán acosados por un jugador del equipo contrario para que no pueda jugar con facilidad o robarle el balón. Si un equipo recupera cambiarán los roles.

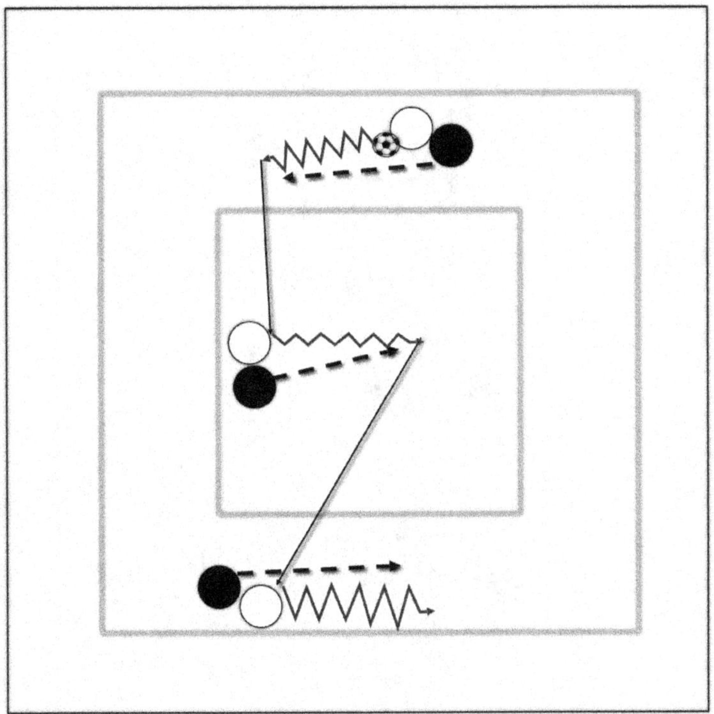

Tarea N° 12	Objetivo Principal	Mejora del acoso
	Jugadores	8 (4x4)

Explicación

Los jugadores situados como en la imagen. Los jugadores del equipo blanco intentarán mantener la posesión de balón . Los jugadores serán acosados cuando reciban por un jugador del equipo contrario para que no pueda jugar con facilidad, que el balón salga de la zona donde se encuentra o robarle el balón. Los jugadores no podrán salir de su zona. Si el equipo negro recupera cambiarán los roles.

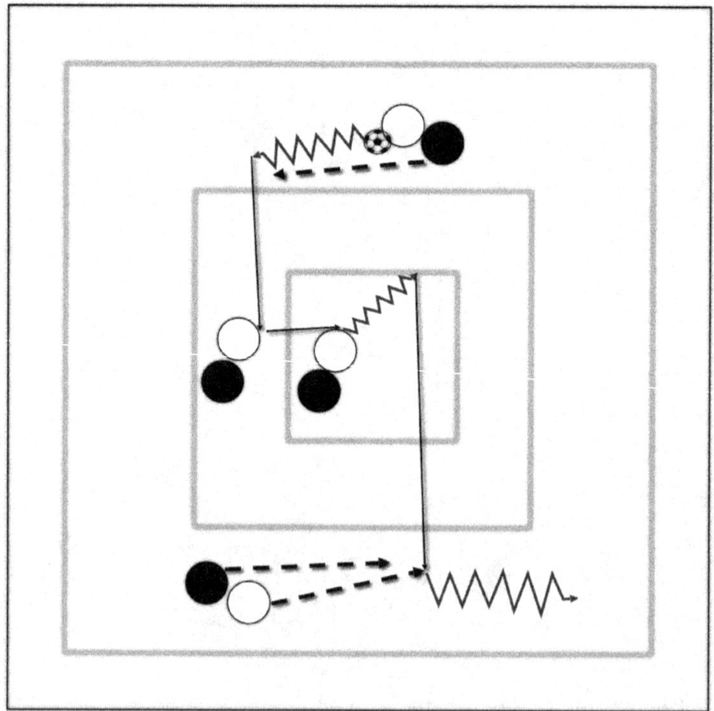

Tarea N° 13	Objetivo Principal	Mejora del acoso
	Jugadores	8 (4x4)

Explicación

Los jugadores situados como en la imagen. Los jugadores del equipo blanco intentarán entrar en el cuadrado y los del equipo negro abandonarán su lado del cuadrado para acosar a los jugadores que reciban para atravesar su lado. Una vez que los jugadores pasen el balón y desistan, los jugadores del equipo negro volverán a su lado. Si recupera el equipo negro cambiarán los roles.

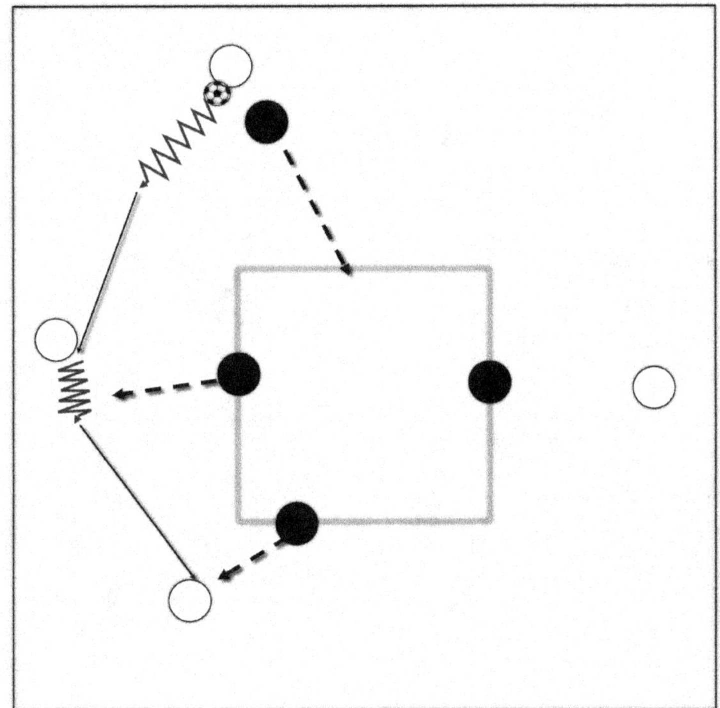

Tarea Nº 14	Objetivo Principal	Mejora del acoso
	Jugadores	8 (4x4)

Explicación

Los jugadores situados como en la imagen por parejas. Los jugadores del equipo blanco intentarán entrar en el cuadrado y los del equipo negro abandonarán su lado del cuadrado para acosar a los jugadores que reciban para atravesar su lado. Si recupera el equipo negro cambiarán los roles.

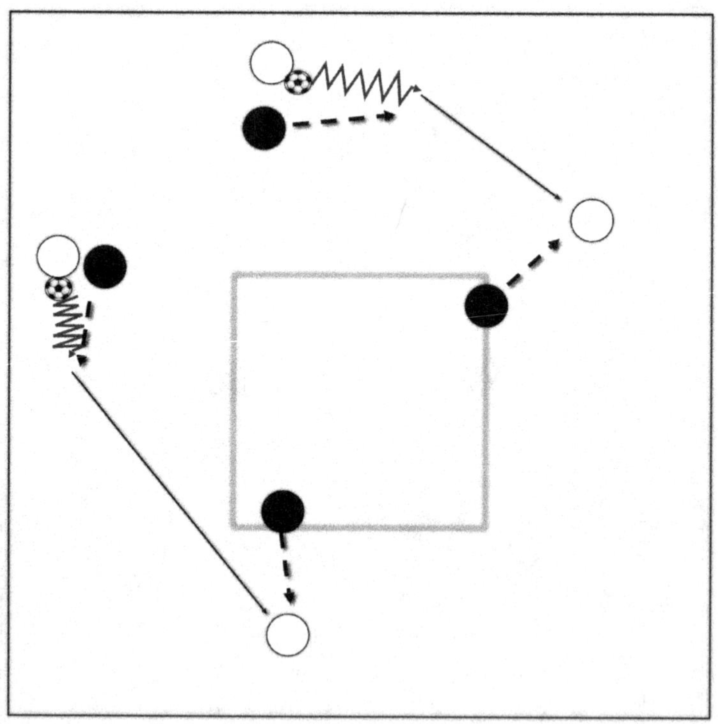

Tarea N° 15	Objetivo Principal	Mejora del acoso
	Jugadores	3

Explicación

Los jugadores situados como en la imagen. Los jugadores del equipo blanco intentarán atravesar el centro del campo conduciendo el balón. El jugador del equipo negro acosará al que lo intente para robarle el balón o que desista, pase al otro jugador para que lo intente y vuelva hasta la zona desde donde inició.

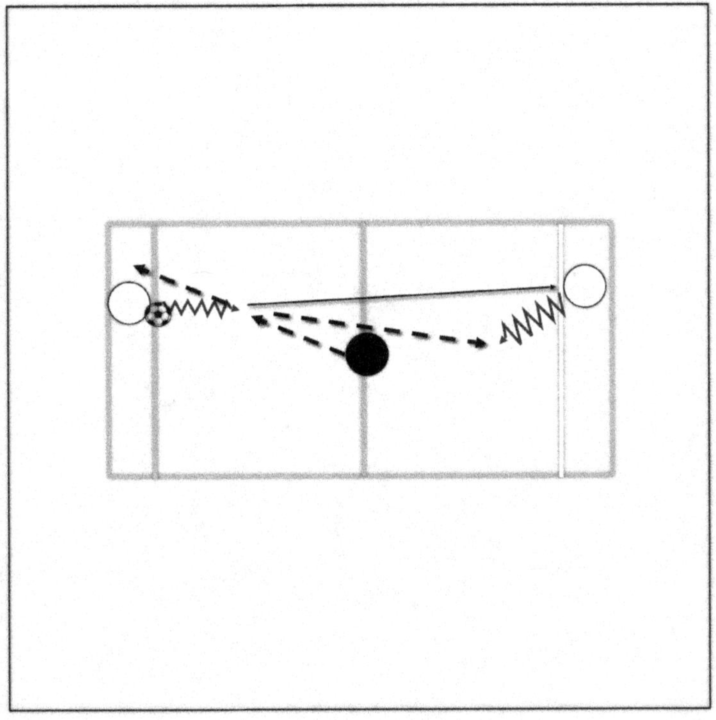

Tarea N° 16	Objetivo Principal	Mejora del acoso
	Jugadores	3

Explicación

Los jugadores situados como en la imagen. Los jugadores del equipo blanco intentarán atravesar hasta la zona donde está su compañero conduciendo el balón. El jugador del equipo negro acosará al que lo intente para robarle el balón o que desista, pase al otro jugador para que lo intente y vuelva hasta la zona desde donde inició.

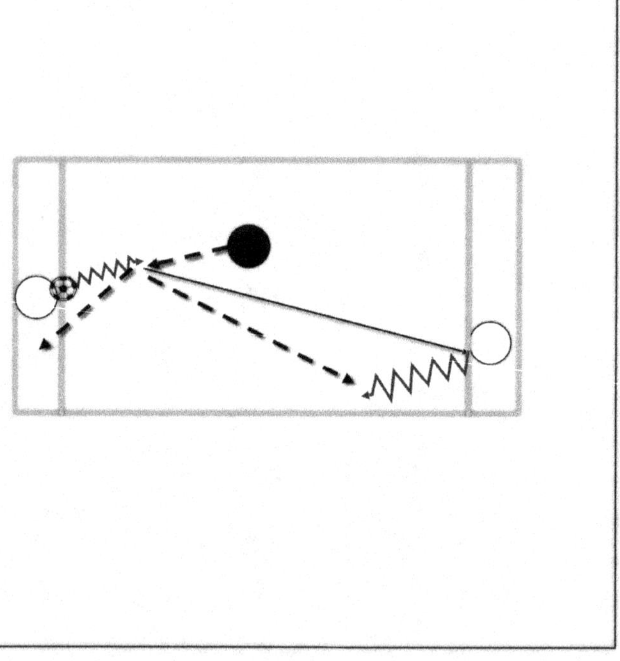

Tarea N° 17	Objetivo Principal	Mejora del acoso
	Jugadores	2

Explicación

Los jugadores situados como en la imagen. El jugador del equipo blanco intentarán atravesar hasta el lado de enfrente del rectángulo conduciendo el balón. El jugador del equipo negro acosará cuando lo intente para que desista o robarle el balón y llevarlo al lado de donde salió. Si alguno de los jugadores consigue llevar el balón al lado de enfrente cambiarán los roles.

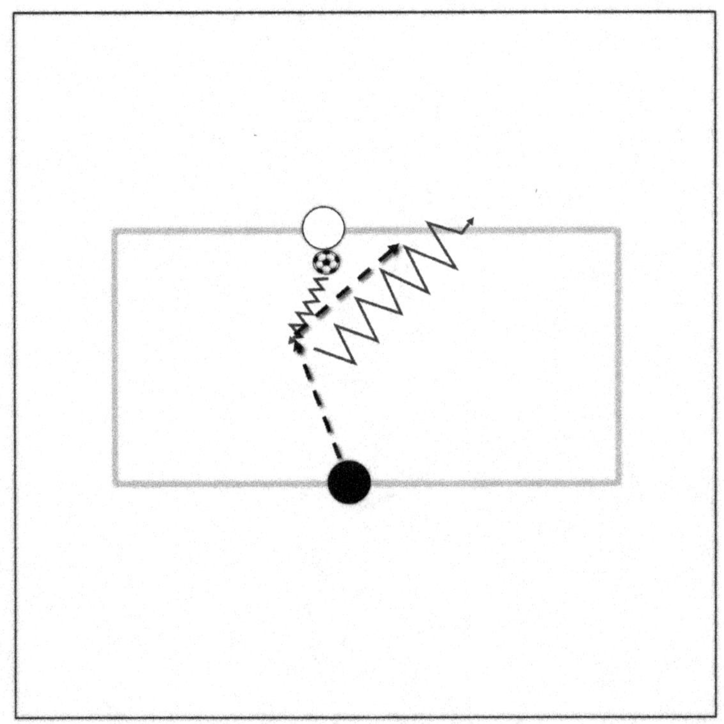

Tarea N° 18	Objetivo Principal	Mejora del acoso
	Jugadores	2

Explicación

Los jugadores situados como en la imagen. El jugador de blanco intentará atravesar hasta la línea de enfrente conduciendo el balón. El jugador del equipo negro acosará cuando lo intente para que desista o robarle el balón y llevárselo conduciendo a una de las zonas laterales. El jugador del equipo blanco acosará tras la pérdida para que el jugador del equipo negro no consiga llegar a las zonas

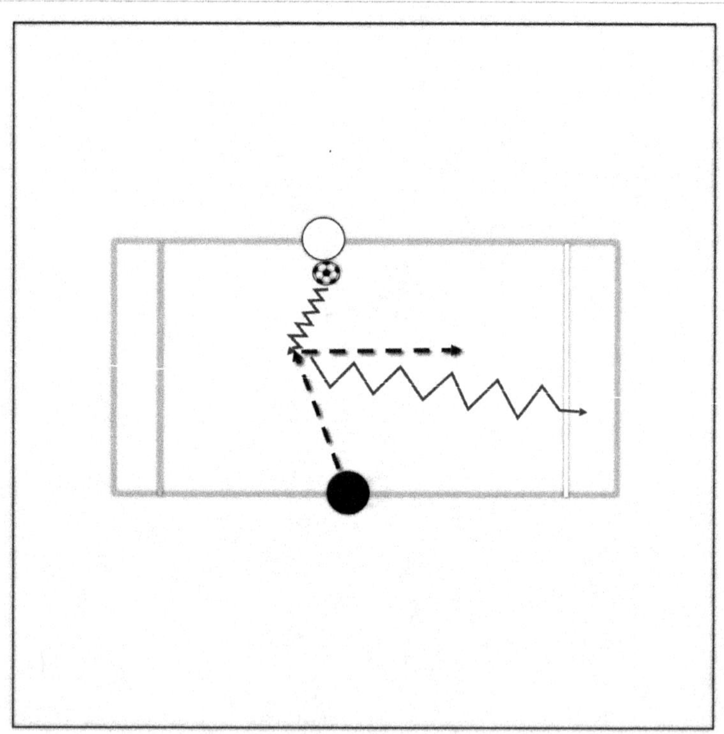

Tarea N° 19	Objetivo Principal	Mejora del acoso
	Jugadores	3 (1+1x1)

Explicación

Los jugadores situados como en la imagen. El jugador del equipo blanco con balón intentará atravesar hasta el lado de enfrente del rectángulo conduciendo el balón. El jugador del equipo negro acosará cuando lo intente para que desista y pase el balón hacia atrás a su compañero para no perderlo (e intercambiarán los roles) o robarle el balón y sacarlo del rectángulo.

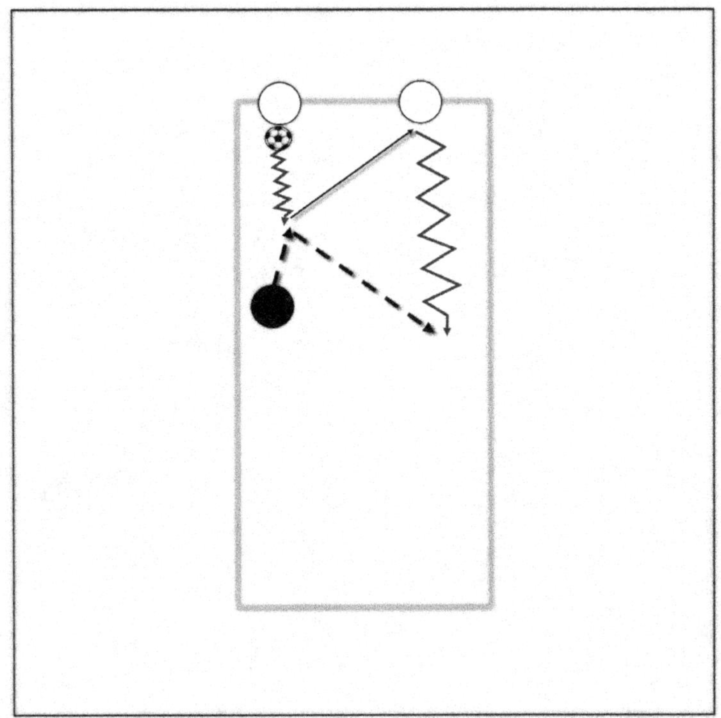

Tarea N° 20	Objetivo Principal	Mejora del acoso
	Jugadores	4 (2x2)

Explicación

Los jugadores y el espacio distribuidos como en la imagen. Los jugadores del equipo negro pasarán el balón entre ellos. Los jugadores del equipo blanco los dejarán recibir y los acosarán para que desistan salir de su zona y de atravesar el rectángulo. Si lo intentan lo seguirán acosando hasta que pierdan el balón.

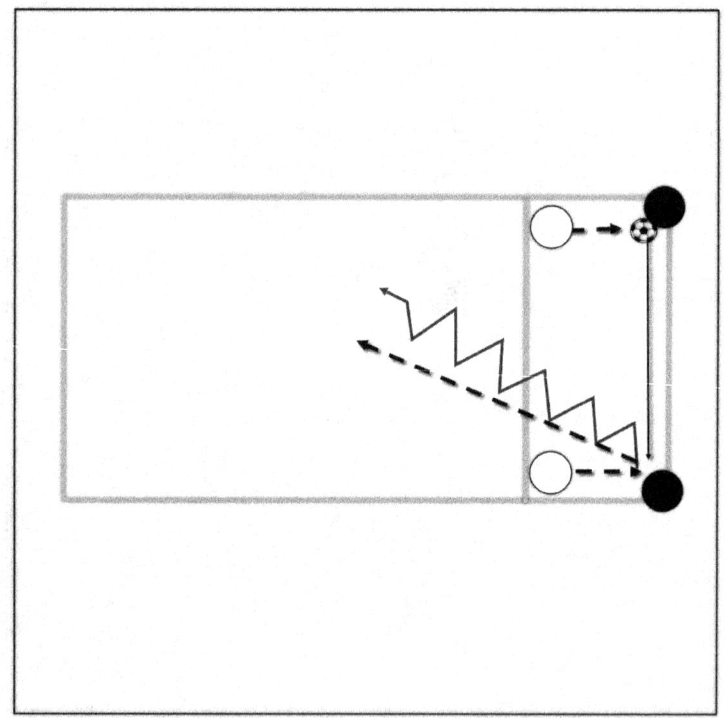

Tarea N° 21	Objetivo Principal	Mejora del acoso
	Jugadores	8 (1+3x3+1)

Explicación

En un rectángulo dividido en tres campos iguales, los equipos se colocarán en la disposición de la imagen. Los equipos en la zona central intentarán jugar con los jugadores que están sobre las líneas para que puedan llevar el balón a la zona donde están sobre la línea y serán acosados para que no puedan hacerlo por el jugador que está a su espalda.

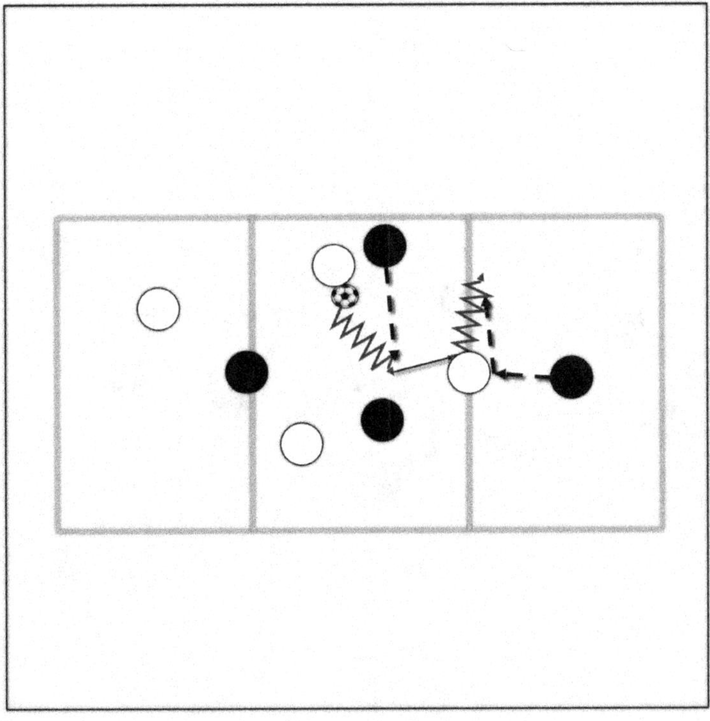

Tarea Nº 22	Objetivo Principal	Mejora del acoso
	Jugadores	16 (8x8)

Explicación

En un rectángulo dividido en ocho partes iguales distribuidos los jugadores como en la imagen (dos en cada cuadrado, uno de cada equipo). Los jugadores de cada equipo intentarán mantener la posesión del balón, no podrán salir de si zona y acosarán a su adversario dentro de la zona cuando reciba para recuperar o que falle en el pase a sus compañeros y propiciar la recuperación.

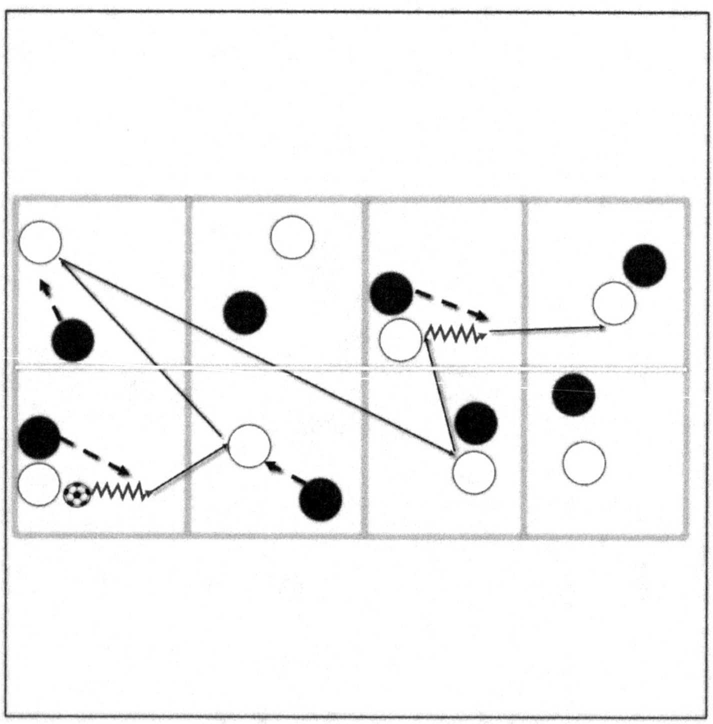

Tarea N° 23	Objetivo Principal	Mejora del acoso
	Jugadores	12 (6x6)

Explicación

Los equipos situados como en la imagen. El equipo negro tiene el balón y el jugador del equipo blanco acosará al poseedor para que tenga que jugar con otra zona y no pueda pasar en la misma zona. Los jugadores de otros cuadrados podrán interceptar y si recuperan cambiarán los roles para con el acoso recuperar el balón y llevarlo a las zonas donde tengan superioridad.

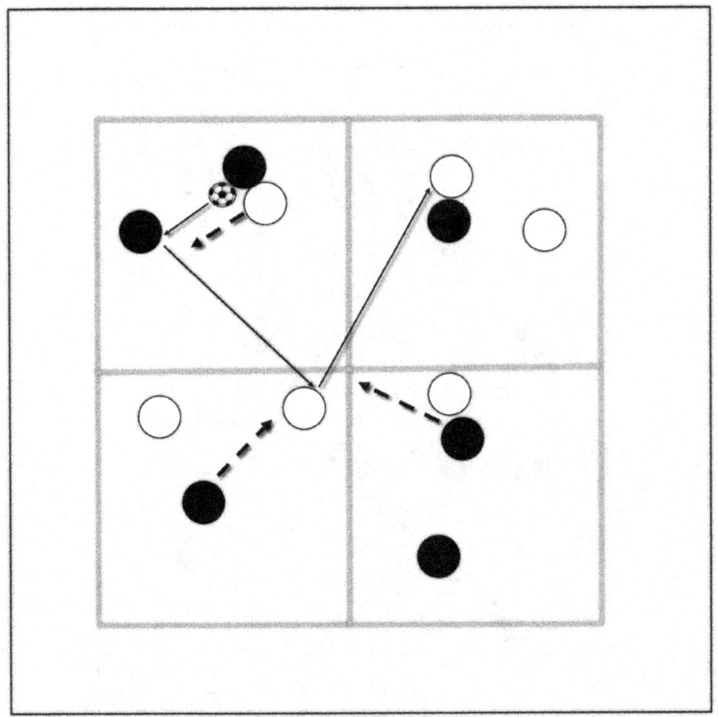

Tarea N° 24	Objetivo Principal	Mejora del acoso
	Jugadores	20 (9+1x1x9)

Explicación

Los equipos distribuidos por la zona delimitada y un solo jugador de cada equipo en el círculo central. Los equipos intentarán mantener la posesión de balón y sumarán un punto cada vez que jueguen con el jugador de su equipo situado en el círculo central y lo devuelva a los compañeros. El jugador del centro será acosado por el del otro equipo para que no pueda hacerlo con facilidad o quitarle el balón

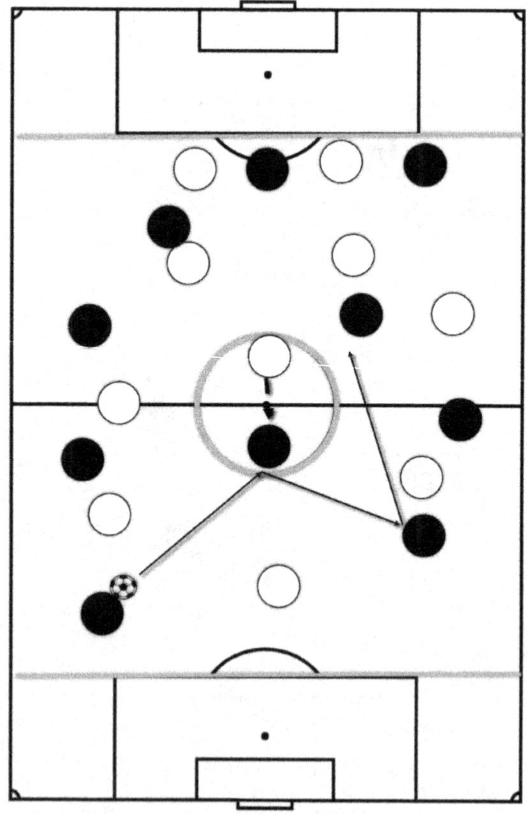

Tarea N° 25	Objetivo Principal	Mejora del acoso
	Jugadores	7

Explicación

Los jugadores distribuidos como en la imagen. Los jugadores del equipo blanco intentarán salir del cuadrado conduciendo el balón cuando les llegue a su cuadrado. Los jugadores del equipo negro acosarán al de su cuadrado cuando reciba para que pase y no pueda atacar a la portería. Si un jugador del equipo blanco sale, los tres jugadores negros podrán presionarle para recuperar. Si roba el equipo negro cambiarán los roles.

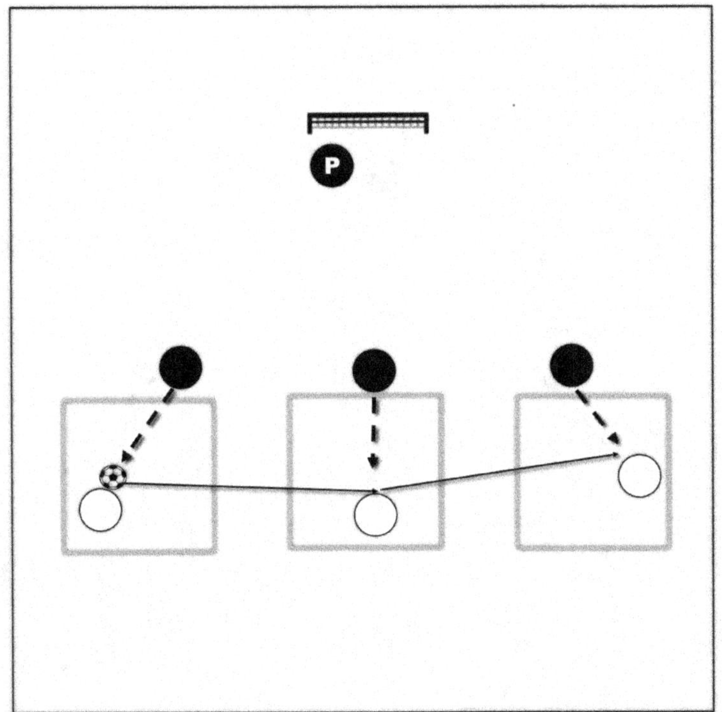

Tarea N° 26	Objetivo Principal	Mejora del acoso
	Jugadores	7

Explicación

Los jugadores distribuidos como en la imagen. Los jugadores del equipo blanco intentarán atravesar el cuadrado conduciendo el balón cuando les llegue para poder hacer gol. Los jugadores del equipo negro acosarán los jugadores cuando entren en el cuadrado para robarles el balón o que desistan. Si roba el equipo negro o pierde el balón el equipo blanco cambiarán los roles.

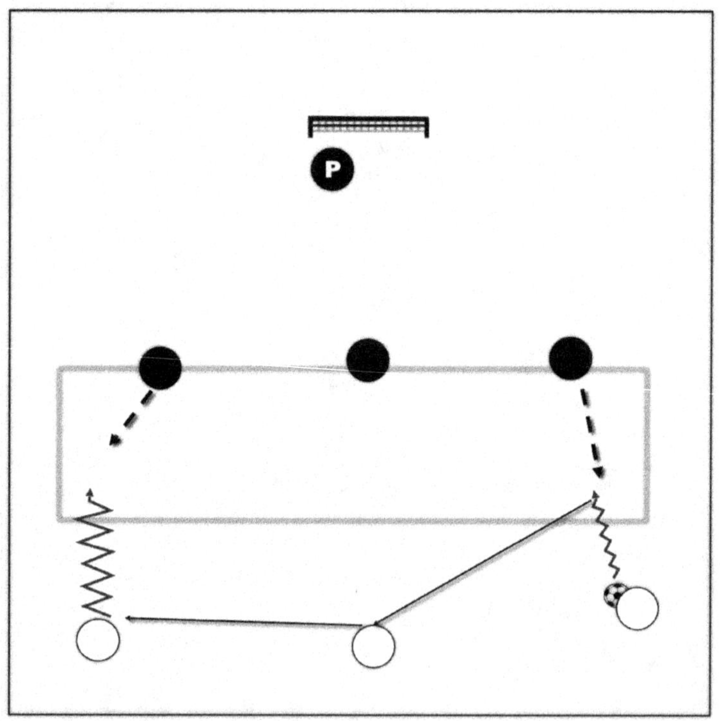

Tarea N° 27	Objetivo Principal	Mejora del acoso
	Jugadores	7 (3x1+2+P)

Explicación

Los jugadores distribuidos como en la imagen. Los jugadores del equipo blanco intentarán mantener el en el rectángulo acosados por un jugador que los obligará a salir. El jugador que salga tendrá que atacar a portería en situación de 1x2. Si roba el equipo negro o pierde el balón el equipo blanco cambiarán los roles.

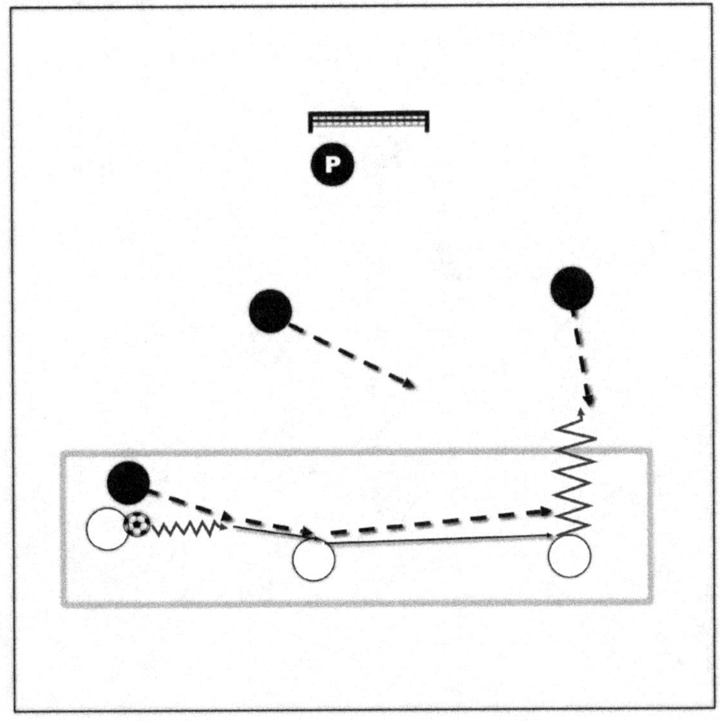

Tarea N° 28	Objetivo Principal	Mejora del acoso
	Jugadores	6 (3x2+P)

Explicación

Los jugadores distribuidos como en la imagen. Los jugadores del equipo blanco intentarán atacar de manera individual la portería del equipo negro saliendo del rectángulo. Los jugadores del equipo negro acosarán al jugador que salga para que desista, pase a otro de sus compañeros del rectángulo para que lo intente y volva dentro. El equipo blanco lo irá intentando ante el acoso del equipo negro.

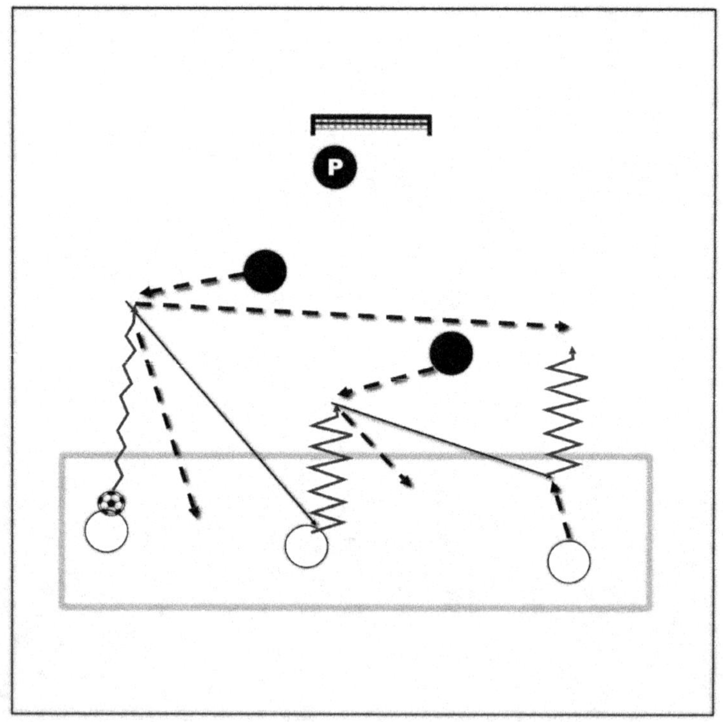

Tarea N° 29	Objetivo Principal	Mejora del acoso
	Jugadores	9 (4x4+P)

Explicación

Los jugadores y el campo distribuidos como en la imagen. En el equipo sin balón los jugadores acosarán al jugador de la zona cuando reciba para que desista que no pueda tirar a portería. El equipo con balón intentará mover el balón para poder encontrar posiciones de tiro.

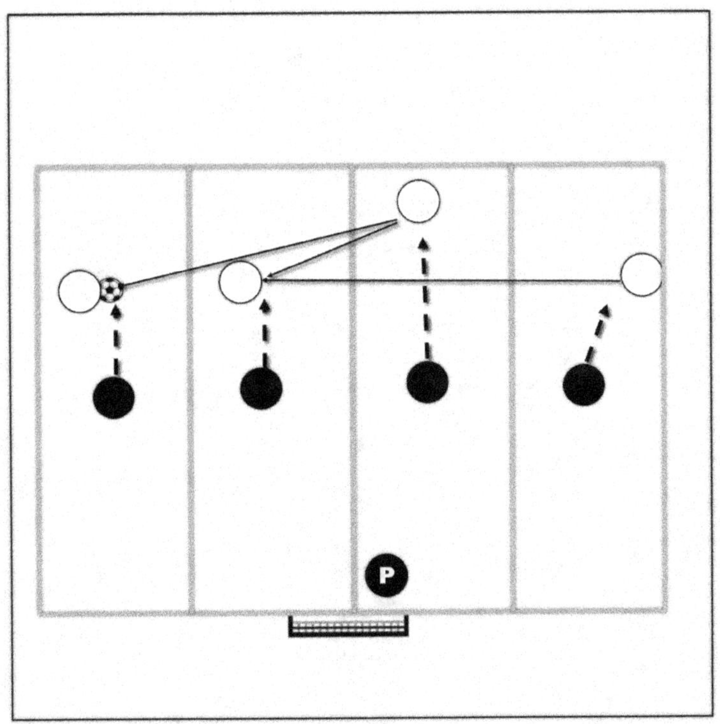

Tarea Nº 30	Objetivo Principal	Mejora del acoso
	Jugadores	9 (P+4x4+P)

Explicación

Los jugadores y el campo distribuidos como en la imagen. En el equipo sin balón los jugadores sobre las intersecciones saldrán a acosar a los jugadores jugadores rivales cuando reciban para que pasen el balón o robárselo, cuando un jugador abandone una intersección se redistribuirán los compañeros para tenerlas todas ocupadas, mantener a los adversarios alejados y tener un orden defensivo. El equipo con balón intentará mover el balón, no perderlo y profundizar hasta el campo contrario para finalizar.

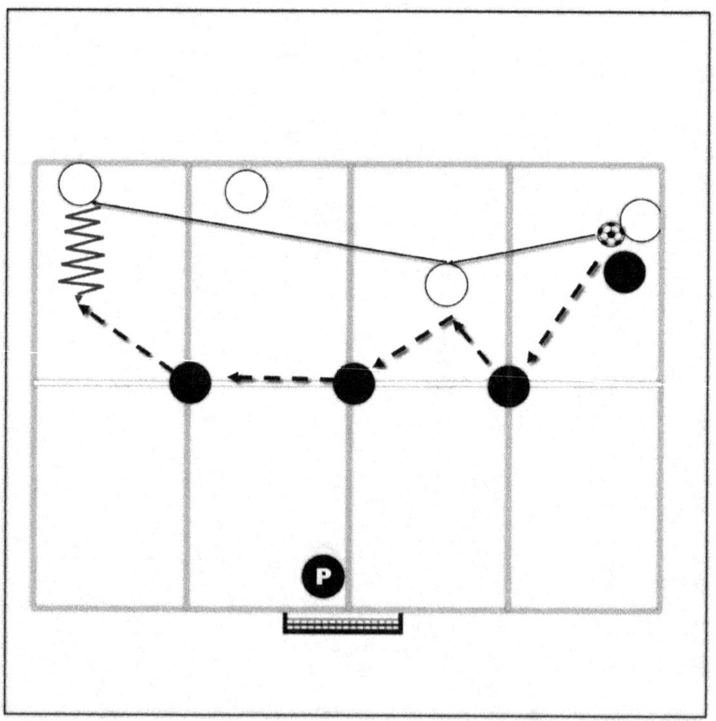

Tarea N° 31	Objetivo Principal	Mejora del acoso
	Jugadores	11 (P+3+2x4+1)

Explicación

Los jugadores y el campo distribuidos como en la imagen. En el equipo con balón (blanco) los jugadores intentarán pasar al jugador adelantado ante el acoso de dos jugadores del equipo sin balón (negro) y tres jugadores sobre la línea que intentarán interceptar el pase. Si recupera el equipo negro el balón cambiarán los roles.

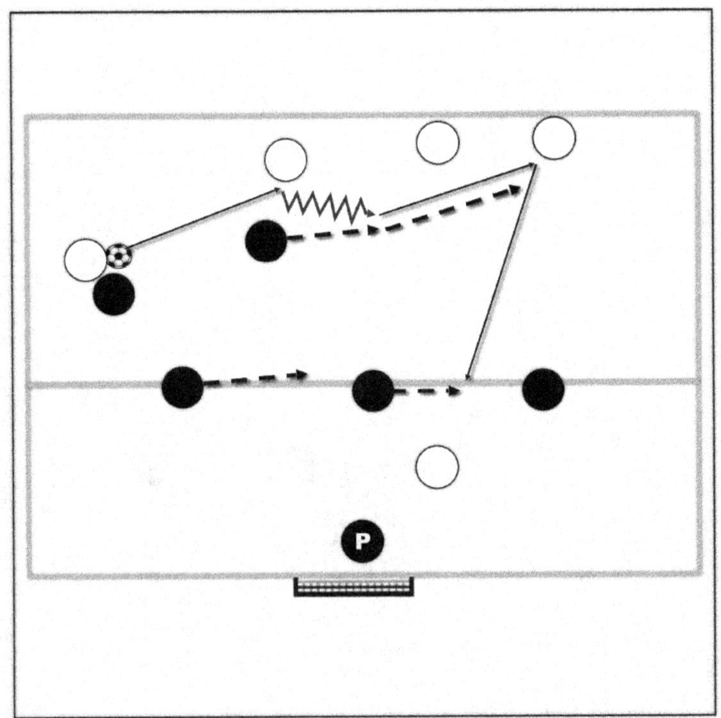

Tarea N° 32	Objetivo Principal	Mejora del acoso
	Jugadores	5 (1x1+1+1+P)

Explicación

En un rectángulo dividido en tres campos iguales, los equipos se colocarán en la disposición de la imagen. El jugador del equipo blanco con balón intentará atravesar las distintas zonas para llegar a portería e intentar hacer gol y será acosado en cada una de las zonas por el jugador de la zona del equipo contrario para que desista o que pierda el balón.

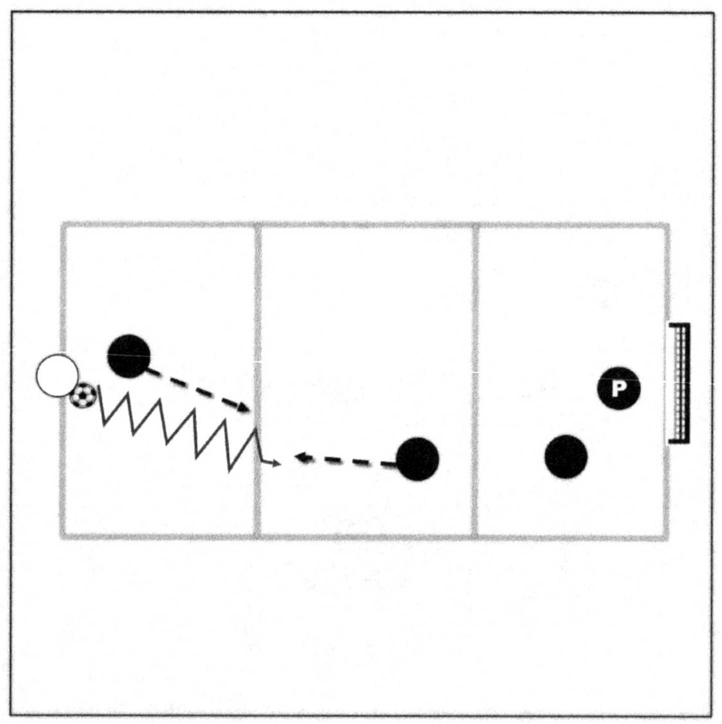

Tarea N° 33	Objetivo Principal	Mejora del acoso
	Jugadores	8 (1+1+1+1x1+1+1+P)

Explicación

En un rectángulo dividido en tres campos iguales, los equipos se colocarán en la disposición de la imagen. El jugador del equipo blanco con balón intentará atravesar las distintas zonas para llegar a portería e intentar hacer gol y será acosado en cada una de las zonas por el jugador del equipo contrario para que desista y pase al compañero más retrasado, que si recibe cambiará el rol con el que le pasó e intentará atravesar la zona acosado por el jugador del equipo contrario.

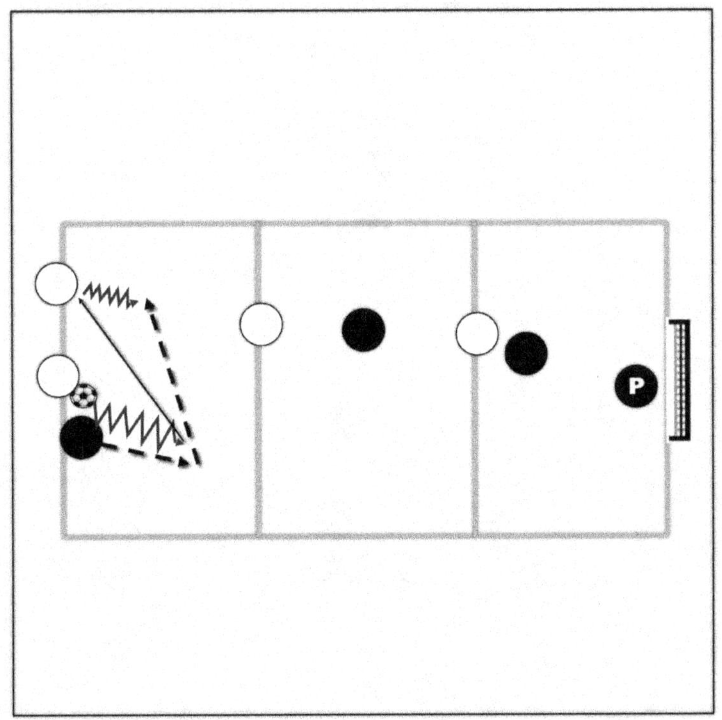

Tarea Nº 34	Objetivo Principal	Mejora del acoso
	Jugadores	6

Explicación

Los jugadores distribuidos como en la imagen. Los dos jugadores del equipo blanco pasarán la pelota entre ellos y tendrán que intentar atacar la portería que está a su espalda y los jugadores del equipo negro los acosarán cuando reciban para que no se puedan volver y desistan de atacar la portería. Si se vuelven serán acosados para que desistan o que pierdan el balón.

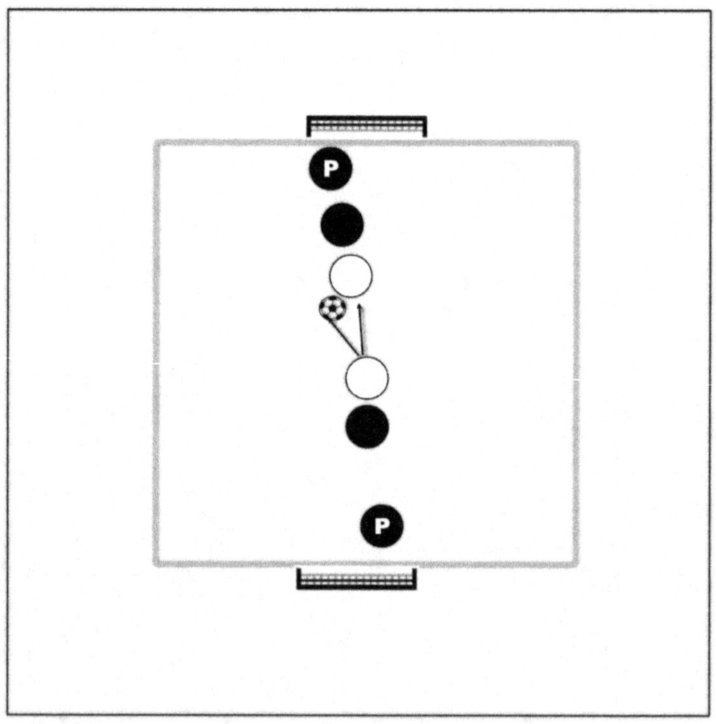

Tarea N° 35	Objetivo Principal	Mejora del acoso
	Jugadores	6

Explicación

Los jugadores distribuidos como en la imagen. Los dos jugadores del equipo blanco pasarán el balón entre ellos dentro del cuadrado, uno lo abandonará para atacar una de las porterías y será acosado por el jugador más cercano para robarle el balón o que desista y pase a su compañero del cuadrado. Si roba el equipo negro o pierde el balón el equipo blanco cambiarán los roles.

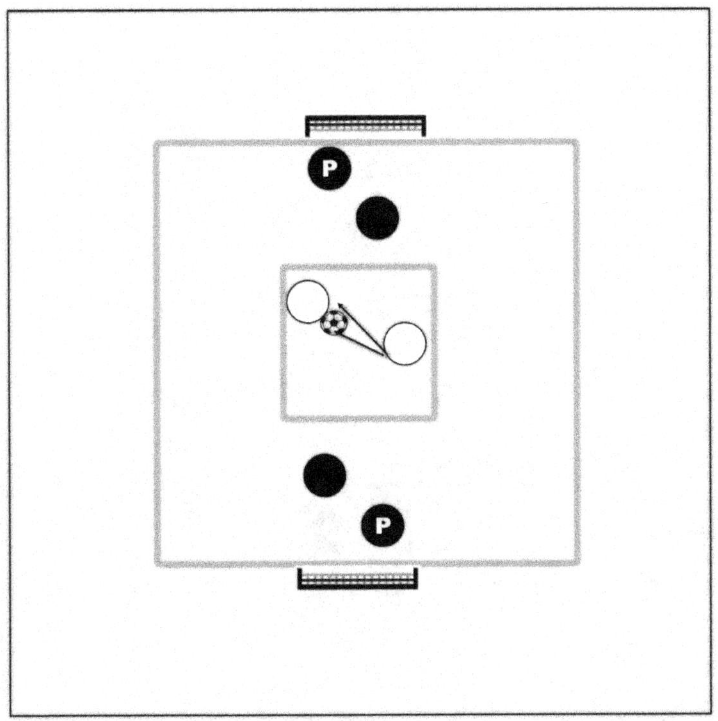

Tarea Nº 36	Objetivo Principal	Mejora del acoso
	Jugadores	7

Explicación

Los jugadores distribuidos como en la imagen. Los dos jugadores del equipo blanco pasarán el balón entre ellos dentro del cuadrado y un jugador acosará al poseedor del balón para obligarlo a salir del cuadrado. Cuando lo consiga, el jugador del equipo blanco tendrá que intentar hacer gol en una de las porterías acosado por el defensor de la misma.

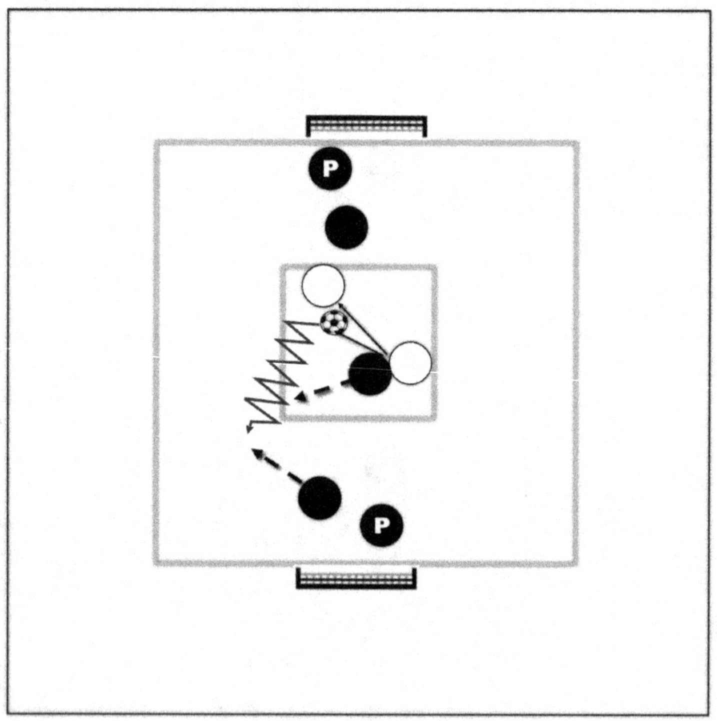

Tarea N° 37	Objetivo Principal	Mejora del acoso
	Jugadores	9 (3x1+1+1+C+2P)

Explicación

Los jugadores distribuidos como en la imagen. Los jugadores del equipo blanco intentarán mantener el balón en el rectángulo acosados por un jugador que los obligará a salir. El jugador que salga tendrá que atacar una de las porterías en situación de uno contra uno mas portero o volver a pasar el balón a los compañeros del rectángulo. Una vez que salga el jugador del rectángulo entrará el comodín que estaba sobre las lados para quedar dos contra dos dentro y que no pueda pasar a los compañeros el jugador que salió. Si roba el equipo negro o pierde el balón el equipo blanco cambiarán los roles.

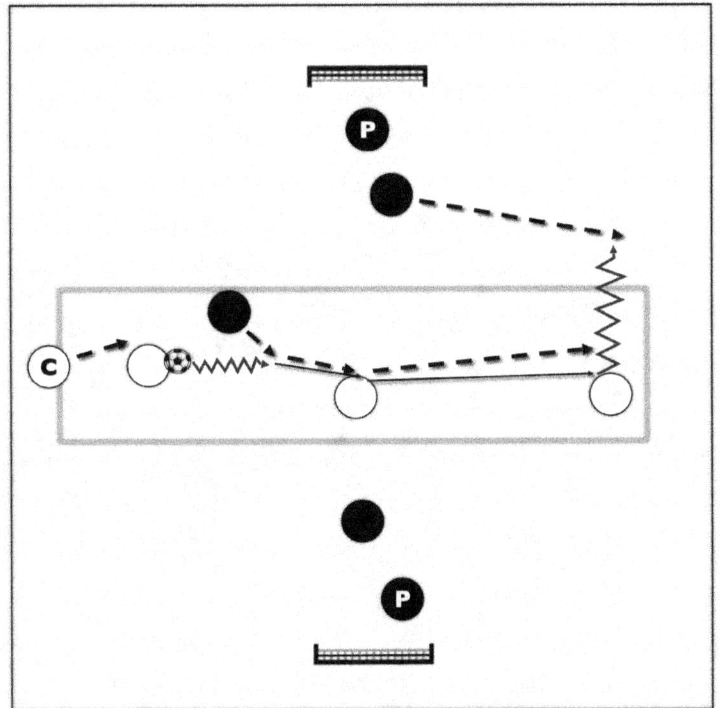

Tarea Nº 38	Objetivo Principal	Mejora del acoso
	Jugadores	10 (P+1+3x3+1+P)

Explicación

En un rectángulo dividido y los jugadores repartidos como en la imagen. Jugarán dos contra dos en el centro intentado jugar con el compañero del pasillo cercano a la portería rival que cuando reciba será acosado por el jugador del equipo contrario que está a su espalda para que no se vuelva, no pueda hacer gol y vuelva a pasar a algún compañero de la zona central.

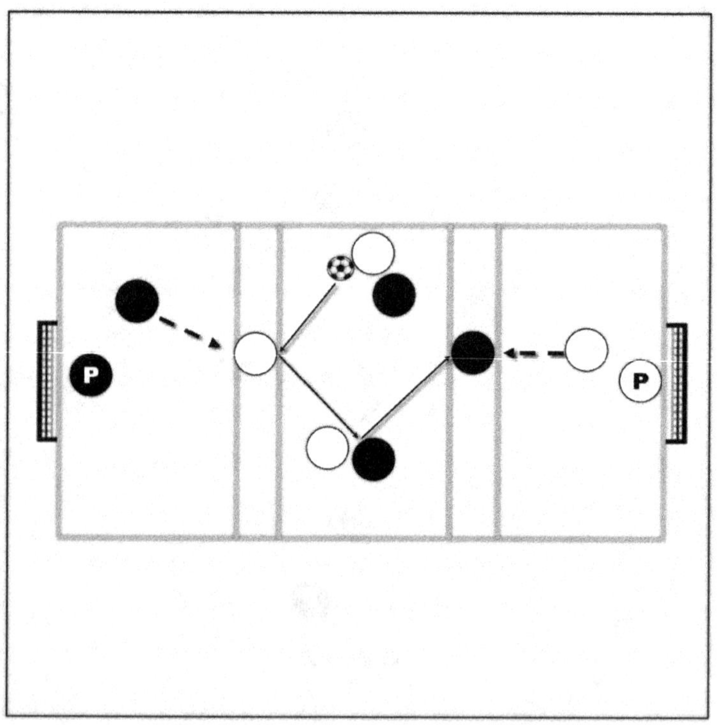

Tarea N° 39	Objetivo Principal	Mejora del acoso
	Jugadores	10 (P+1+3x3+1+P)

Explicación

En un rectángulo dividido en tres campos iguales, se colocarán tres jugadores de cada equipo en la división del centro y uno en la zona donde está su portería. Cada equipo intentará salir conduciendo de la zona central hacia la portería contraria para hacer gol y el contrario que está en esa zona lo acosará para que desista, vuelva el balón a la zona central y no pueda tirar a portería o para recuperar el balón.

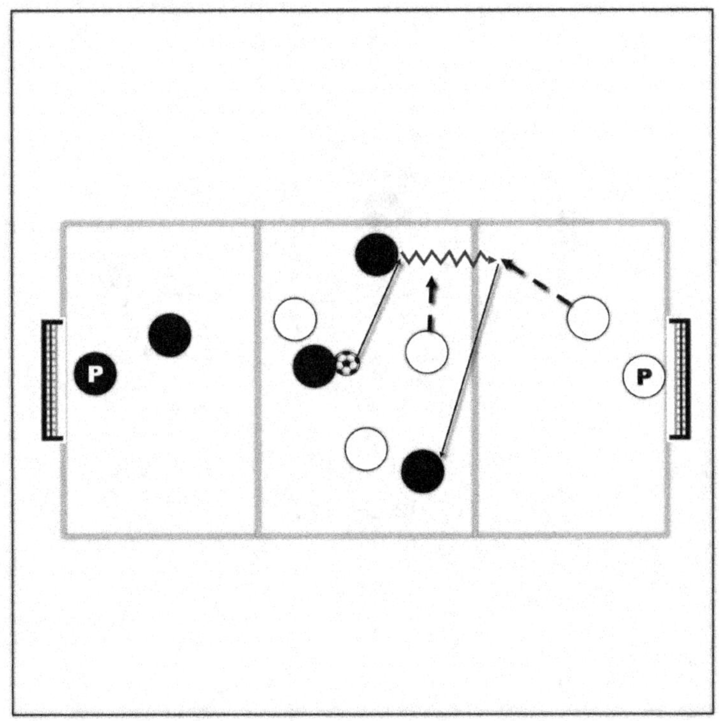

Tarea N° 40	**Objetivo Principal**	Mejora del acoso
	Jugadores	6 (P+2x2+P)

Explicación

Con el campo dividido en dos cuadrados y los jugadores en la disposición de la imagen. El equipo con balón (negro) intentará acercarse a la portería rival para hacer gol sin abandonar cada jugador su zona. Los jugadores del otro equipo (blanco) acosarán al poseedor estando siempre uno acosando al poseedor en una mitad y el otro sobre la línea divisoria por si el compañero es desbordado o para ir al acoso si pasa el balón al otro cuadrado. Si roba el equipo negro intenta hacer gol y cambian los roles.

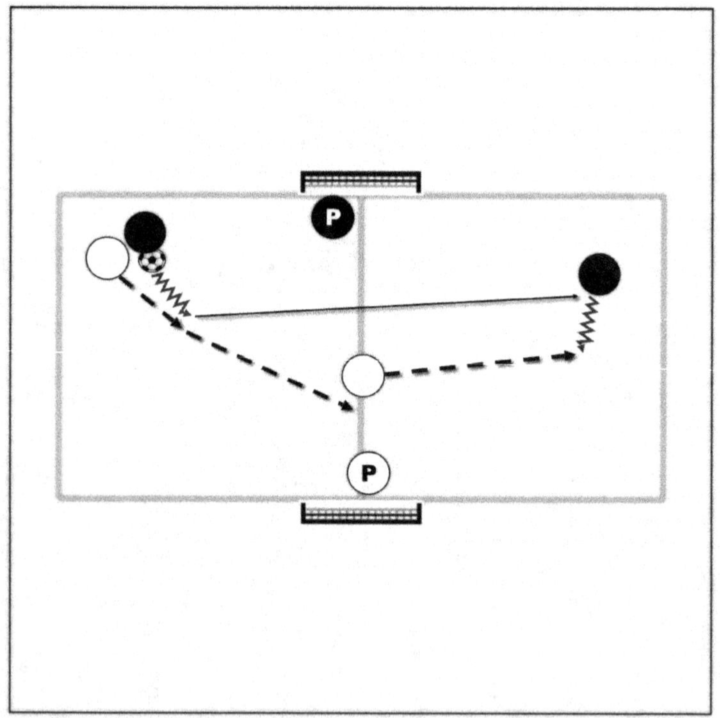

Tarea N° 41	Objetivo Principal	Mejora del acoso
	Jugadores	8 (P+3x3+P)

Explicación

Los jugadores distribuidos como en la imagen. Los jugadores del equipo negro sobre las líneas acosarán a los jugadores del equipo blanco para que no no puedan pasar al jugador adelantado (marcado por un jugador) o robar y hacer gol en la portería rival. Su alguno de los equipos hace gol cambiarán los roles.

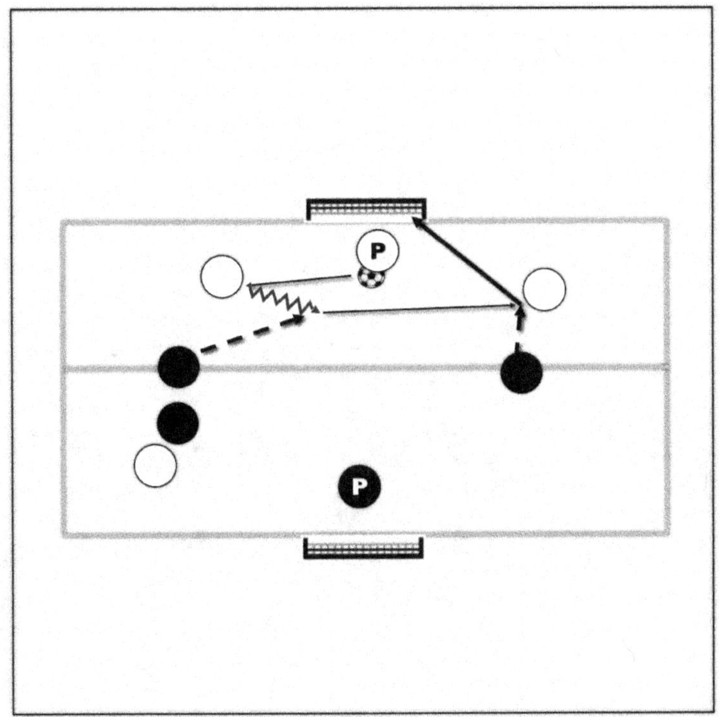

Tarea N° 42	Objetivo Principal	Mejora del acoso
	Jugadores	10 (P+4x4+P)
Explicación		

Los jugadores y el campo distribuidos como en la imagen. Los jugadores no podrán abandonar sus zonas. El equipo con balón atacará por las zonas y los jugadores sin balón acosarán a los jugadores de su zona para que desistan el ataque por su zona o recuperar. Si un equipo recupera el balón cambiarán los roles.

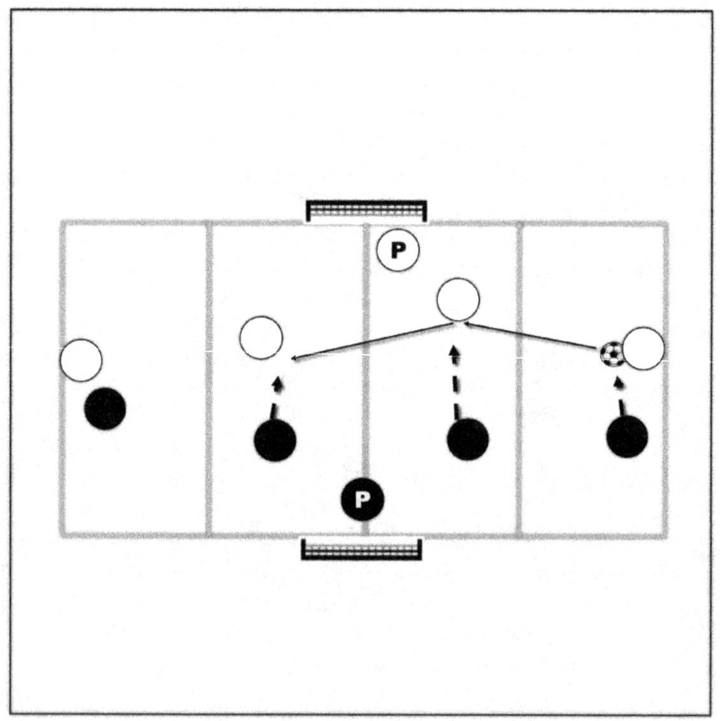

Tarea N° 43	Objetivo Principal	Mejora del acoso
	Jugadores	10 (P+4x4+P)

Explicación

Los jugadores y el campo distribuidos como en la imagen. En el equipo sin balón los jugadores sobre las líneas acosarán al jugador de la zona frontal cuando reciba para que desista el ataque o robar y finalizar. El equipo con balón intentará mover el balón e ir adelantándose para finalizar el ataque en campo contrario.

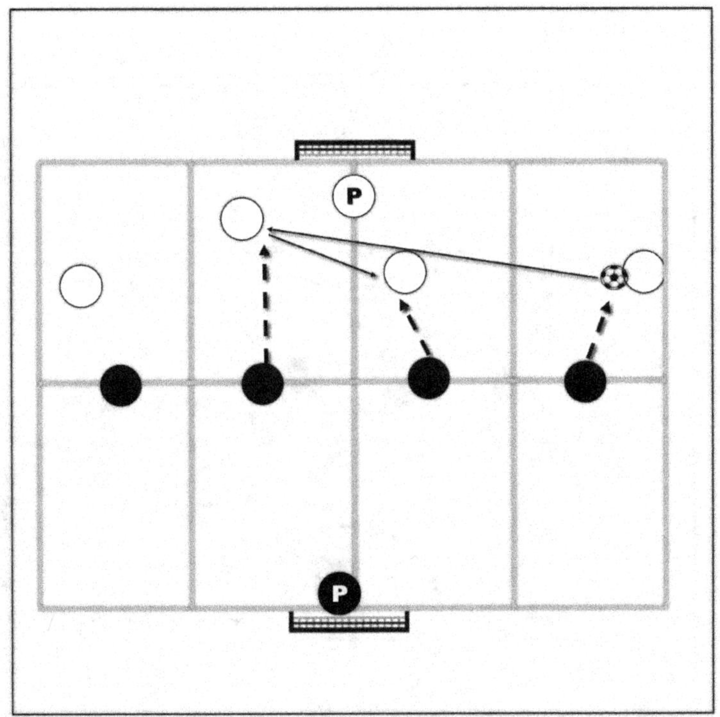

Tarea N° 44	Objetivo Principal	Mejora del acoso
	Jugadores	12 (P+4+1x4+1+P)

Explicación

Los jugadores y el campo distribuidos como en la imagen. En el equipo con balón los jugadores intentarán pasar al jugador adelantado para hacer gol ante el acoso de un jugador del equipo sin balón y cuatro jugadores en una zona formando línea de cuatro intentarán interceptar el pase. Si recupera el equipo negro el balón cambiarán los roles y el jugador que estaba adelantado acosará al rival y el que acosaba se adelantará para recibir tras la línea e intentar hacer gol.

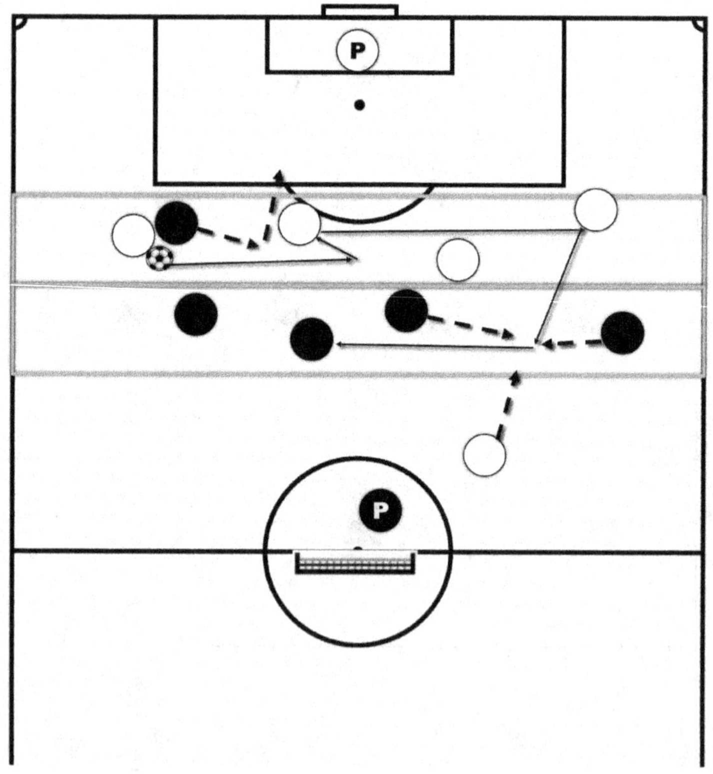

Tarea N° 45	Objetivo Principal	Mejora del acoso
	Jugadores	12 (P+4+1x4+1+P)
Explicación		

Los jugadores y el campo distribuidos como en la imagen. Jugarán cuatro contra cuatro en el rectángulo intentando pasar al jugador adelantado que cuando reciba, será acosado por el portero para que no pueda finalizar o para que pase de nuevo el balón al rectángulo.

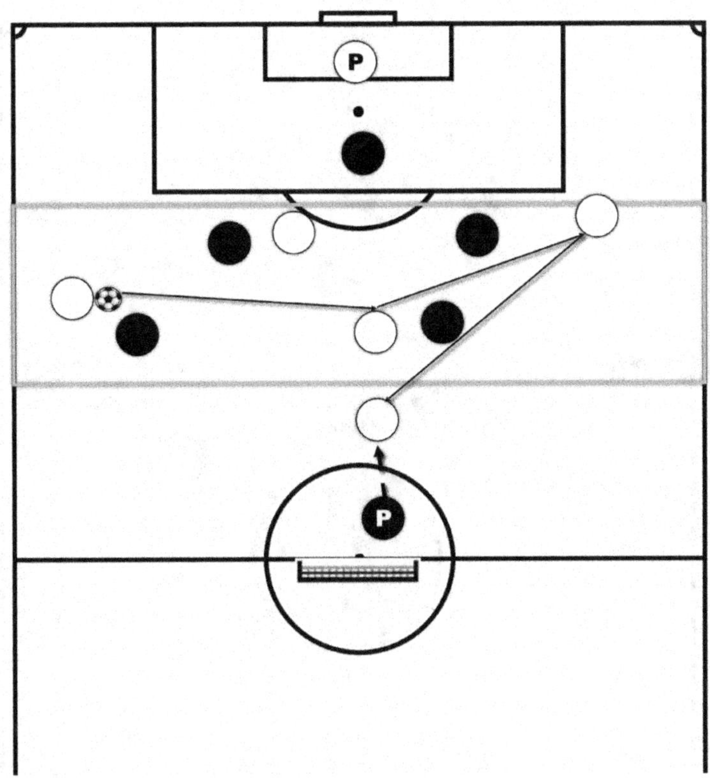

Tarea Nº 46	Objetivo Principal	Mejora del acoso
	Jugadores	22 (P+10x10+P)

Explicación

En medio campo con dos pasillos laterales, el equipo poseedor colocará un jugador en cada pasillo lateral que cuando reciban el balón recibirán el acoso de un jugador del equipo contrario para que no puedan avanzar por banda o para que pierdan el balón. Si un equipo recupera cambiarán los roles y las posiciones.

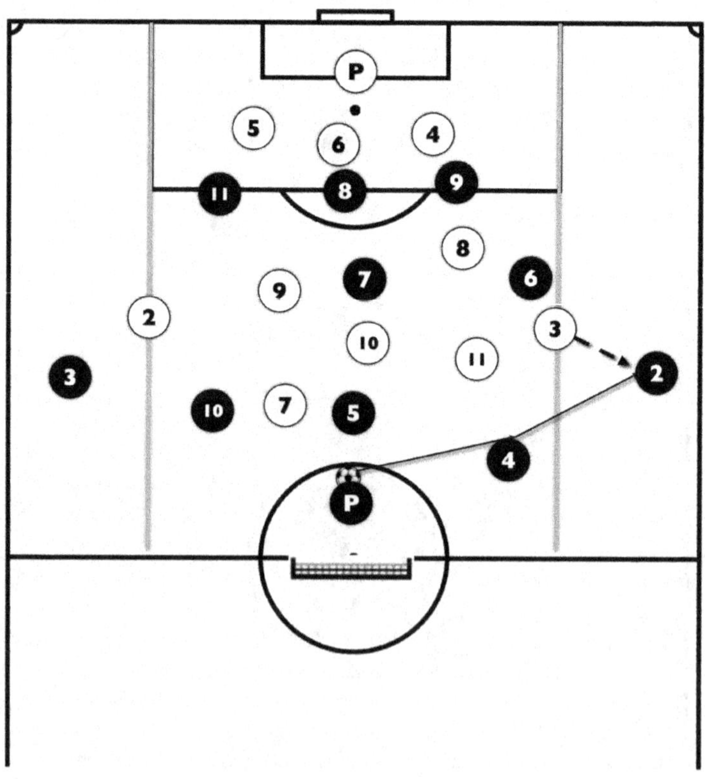

Tarea N° 47	Objetivo Principal	Mejora del acoso
	Jugadores	20 (P+8x 8+2C+P)

Explicación

Los equipos juegan un partido a campo completo, no pudiendo ocupar la zona delimitada de las bandas que serán ocupadas por los comodines que jugarán con el equipo que juegue con ellos, con ocho jugadores cada uno por dentro con marcas individuales y porteros. Los equipos acosarán a los rivales cuando reciban en la zona central para que no puedan jugar por dentro y tengan que jugar por fuera con los comodines.

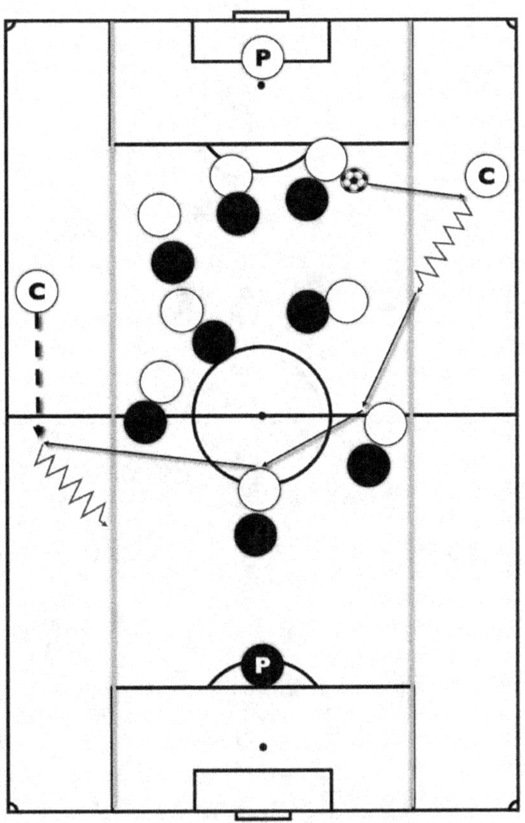

Tarea N° 48	Objetivo Principal	Mejora del acoso
	Jugadores	22 (P+9+1x1+9+P)

Explicación

Partido con con un pasillo central ocupado por un jugador de cada equipo en el que cuando reciba, estará acosado para que pierda el balón o lo devuelva a la zona en la que se encuentra su portero y no pueda llevarlo a la zona de la portería rival donde su equipo tiene un jugador más de campo. El balón tiene que pasar forzosamente por los jugadores del centro para pasar de una zona a otra.

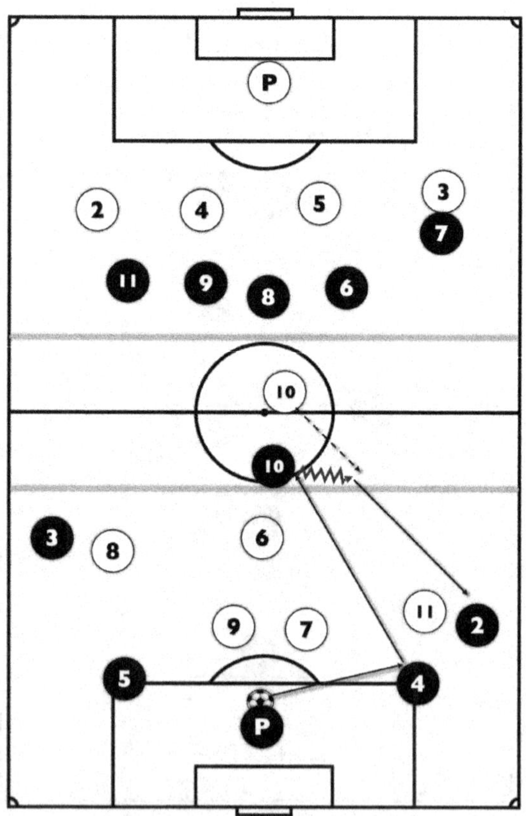

Tarea N° 49	Objetivo Principal	Mejora del acoso
	Jugadores	22 (10+Px10+P)
Explicación		

Partido en el que los dos equipos marcarán de manera individual al hombre cuando no tengan el balón y cada jugador cuando su marca reciba el balón lo acosará para recuperar o que no avance en el juego.

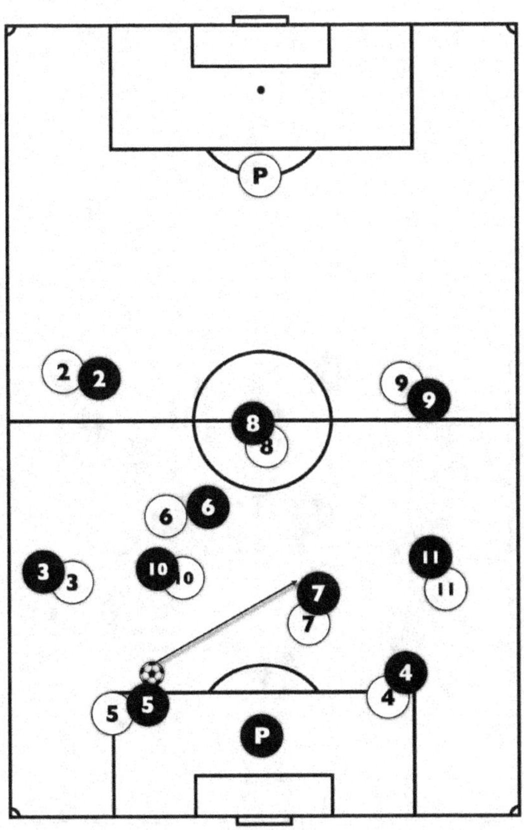

Tarea N° 50	Objetivo Principal	Mejora del acoso
	Jugadores	22 (P+10x10+P)
	Explicación	

Partido en el que los dos equipos acosarán a los jugadores rivales cuando reciban de espaldas a la portería contraria para que no se puedan volver y tengan que jugar hacia atrás.

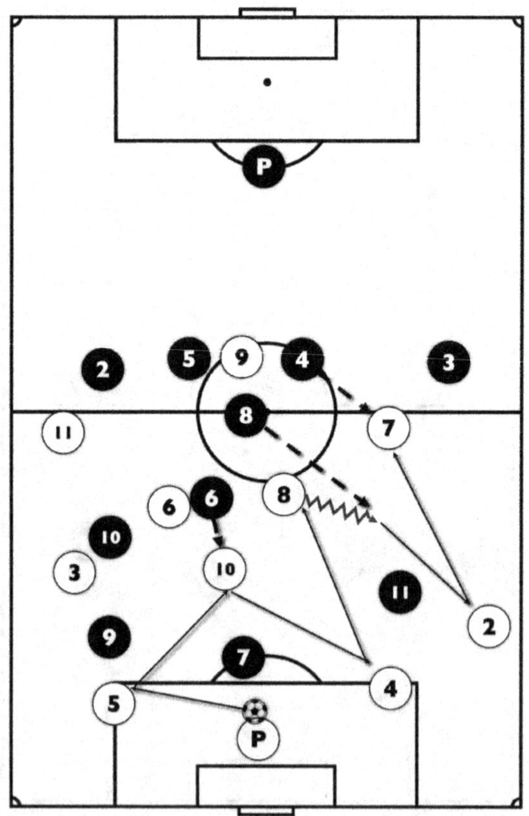

BIBLIOGRAFÍA

- Bangsbo, J. y Peitersen, B. (2002): *Fútbol: Jugar en defensa.* Editorial Paidotribo. Barcelona.

- Caneda, R. (1999): *La zona en Fútbol.* Editorial Wanceulen. Sevilla.

- Cano Moreno, Óscar (2010): *Fútbol: Entrenamiento global basado en la interpretación del juego.* Editorial Wanceulen.

- Castellano, J y Casamichana, D. (2016): *El arte de planificar en fútbol.* Editorial Fútbol de Libro.

- Castellano, Julen y Casamichana, David (2016): *El arte de planificar en fútbol,* Editorial Futbol de libro.

- Castellano, Julen; Casamichana, David y San Román, Jaime (2015): *Los juegos reducidos en el entrenamiento del fútbol.* Editorial Futbol de libro.

- Castelo, J. (1999): *Futbol. Estructura y dinámica del juego.* Editorial INDE. Barcelona.

- Conde, M. (2000): *Contraataque.* Instituto Monsa de Ediciones.

- Couto, A. (2015): *Las grandes escuelas del Fútbol Moderno.* Editorial Fútbol de libro.

- Fradua, Luis (1997): *La visión periférica del futbolista.* Editorial Paidotribo.

- García Ocaña, Francisco (2008): *Fútbol y Fútbol sala: 250 actividades sociomotrices.* Editorial Paidotribo. Barcelona.

- Garganta, J. y Pinto, J. en Graça, A. y Oliveira, J. (1997): *La enseñanza de los juegos Deportivos.* Editorial Paidotribo.

- González, Alberto (2013): *Fútbol. Dinámica del juego desde la perspectiva de las transiciones.* Editorial Learning 11.

- Juan Sánchez, D. (2016): *La Periodización Táctica en Fútbol Base y Aficionado: Aplicación práctica para categoría infantil, cadete, juvenil o aficionado.* Autoedición.

- López López, Javier (2008): *Fútbol: Alevines: 120 fichas de sesiones de entrenamiento.* Editorial Wanceulen. Sevilla.

- López López, Javier (2008): *Fútbol: Cadetes: 160 fichas de sesiones de entrenamiento.* Editorial Wanceulen. Sevilla.

- López López, Javier (2009): *400 tareas integradas para el entrenamiento de la táctica ofensiva.* Editorial Wanceulen.

- López López, Javier (2009): *500 juegos para el entrenamiento físico con balón.* Editorial Wanceulen.

- López López, Javier (2009): *Fundamentos tácticos defensivos.* Editorial Wanceulen.

- López López, Javier (2009): *Fundamentos tácticos ofensivos.* Editorial Wanceulen.

- López López, Javier (2009): Fútbol: *1380 Juegos globales para el aprendizaje y perfeccionamiento de la técnica ofensiva y defensiva.* Editorial Wanceulen. Sevilla.

- López López, Javier (2009): *Fútbol: Prebenjamines: 80 fichas de sesiones de entrenamiento.* Editorial Wanceulen. Sevilla.

- López López, Javier (2013): *Fútbol: Benjamines: 80 fichas de sesiones de entrenamiento.* Editorial Wanceulen. Sevilla.

- López López, Javier (2013): *Fútbol: Infantiles: 120 fichas de sesiones de entrenamiento.* Editorial Wanceulen. Sevilla.

- López López, Javier (2013): *Fútbol: Juveniles: 160 fichas de sesiones de entrenamiento.* Editorial Wanceulen. Sevilla.

- López López, Javier (2013): *Fútbol: Senior (2013): 175 fichas de sesiones de entrenamiento.* Editorial Wanceulen. Sevilla.

- López López, Javier; Wanceulen Moreno, Antonio; Wanceulen Moreno, José F. y Bernal Ruiz, Javier (2009): *225 juegos para el entrenamiento integrado del pase en el fútbol.* Editorial Wanceulen.

- Mayer, R. (1996): *Fichas de fútbol. 120 juegos de ataque y defensa.* Hispano Europea. Barcelona.

- Portugal, M. A. (2018): *El entrenamiento en Fútbol. Rondos y mantenimientos.* Editorial Lisma.

- Seirul´lo, F. (1999): *Criterios modernos del entrenamiento en el fútbol.* Revista Training Fútbol. Valladolid.

- Tamarit, X. (2007): *¿Qué es la periodización Táctica?* Editorial M.C. Sports.